Brüssel

Margarete Graf

DUMONT direkt

Inhalt

Brüssel modern – mit dem Europäischen Parlament im Quartier Léopold

Welkom – Bienvenue

Zu Gast in Brüssel

Übernachten

Essen & Trinken

Einkaufen

Brüssel historisch – mit prächtigen barocken Zunfthäusern an der Grand-Place

Ausgehen

12 Highlights

Extra-Touren

20 Reisetipps Brüssel

Brüssel im Internet

Landeskennung: .be

Surftipps

Die meisten belgischen Seiten gibt es auf Französisch und Niederländisch, touristische Angebote oft auch auf englisch und/oder deutsch. Wer einen bestimmten Begriff sucht (z. B. ein belgisches Kochrezept), bekommt die besten Ergebnisse über eine belgische, evtl. auch eine niederländische oder französische Suchmaschine wie google.be. Hier sind nur allgemeine Internetseiten zu Belgien und Brüssel angegeben, Hotelbuchung s. Übernachten (S. 28), Restaurants s. Essen & Trinken (S. 37).

www.belgien-tourismus.de
www.visitflanders.com

Die offiziellen Internetseiten des wallonischen und des flämischen Verkehrsamtes mit Adressen und Infos zu Museen, Hotels, Restaurants, Flohmärkten usw. – die Hauptstadt Brüssel liegt in der Zuständigkeit beider Stellen.

www.brussel.irisnet.be

Offizielle Seite der Region Brüssel-Hauptstadt mit Bürgerinformationen zu Geschichte, Statistik, Verwaltung, Baustellen, aber auch Tourismus und Freizeit, Links zu Museen, Hotels und vieles mehr. Alle Seiten auch auf Deutsch, die Seiten, zu denen Links führen, auf Englisch. Sehr übersichtlich und informativ!

www.ilotsacre.be

Stadplan und Webcam-Galerie der Innenstadt, Bars, Restaurants uvm.

www.trabel.com/brussels.htm

Touristeninfos aller Art, Seiten zu Geschichte, Sehenswürdigkeiten, Museen, Kirchen, Hotels und Restaurants, Verkehr, Bier usw. (Englisch).

www.brussels-online.be

Hotels und Restaurants online suchen und buchen, mit Öffnungszeiten und Einkaufstipps.

www.bruesselrundschau.be

Infoseite für Deutschsprachige, die in Brüssel oder Belgien leben und arbeiten. Am interessantesten ist die Seite »Internet-Adressen« mit Links zu allen erdenklichen administrativen, touristischen, kulturellen Seiten, Festivals, Kino, Musik, Sport, Kleinanzeigen uvm.

www.europa.eu.int

Alles über die europäischen Behörden und ihre Tätigkeitsfelder, europäische Gesetzgebung, Infos zu Reisen, Arbeiten, Studieren, Sprachenlernen in Europa

www.dma.be/p/bier/beer.htm

Alles über belgisches Bier inklusive verschiedener Hitlisten – die stärksten, die schmackhaftesten Biere oder jene mit den sonderbarsten Geschmacksrichtungen (Englisch).

www.b-rail.be

Seite der Belgischen Eisenbahn mit Zugverbindungen national und international, Fahrpreisinformationen usw.

www.monarchie.be

Homepage des belgischen Königshauses in den offiziellen Landessprachen Niederländisch, Französisch, Deutsch: Lebensläufe und Fotos der königlichen Familie, die königliche Krypta, Stadtschloss und Schloss Laeken, die Gewächshäuser uvm.

Bienvenu

Brüssel ist eine Stadt für Entdecker! Wer sie durchstreift, hat kaum jene altbekannten Bilder im Kopf, die von anderen Metropolen existieren. Freilich, da gibt es das Atomium oder das Manneken Pis, die zum Wahrzeichen für Brüssel, wenn nicht ganz Belgien geworden sind. Aber wer weiß schon, dass sich im Schatten der Bürobauten eine meisterhafte gotische Kathedrale verbirgt? Oder dass die

e Welkom

europäische Hauptstadt mit einer Vielzahl einzigartiger Jugendstilbauten aufwarten kann? Wer kennt die höchst aktive Musikszene, die Jazzmusiker von Rang hervorgebracht hat? Und dann all die hervorragenden Restaurants aller Stilrichtungen von traditionell bis Haute Cuisine … Brüssel kennenzulernen ist eine Herausforderung – aber eine der genussreichsten, die man sich vorstellen kann.

An der Place St-Géry

Willkommen

Die unbekannte Metropole

Obwohl Brüssel die Stadt ist, die vermutlich am häufigsten in den Nachrichten erwähnt wird, bleibt sie doch in der Vorstellung der meisten Europäer seltsam konturlos und papieren. Ist sie überhaupt mehr als ein riesiges Verwaltungszentrum, das beständig unsinnige, ärgerliche oder unverständliche Verordnungen ausstößt? Selbst jene, die von Zeit zu Zeit zu Sitzungen in die Stadt kommen, kennen neben ihrem Tagungsort in einem der anonymen Hochhäuser oft kaum mehr als die berühmte Grand-Place und das Manneken Pis. Die Hauptstadt Belgiens und Europas hat kein Renommee wie Paris, London oder Rom, keinen ›Ruf‹ – nicht einmal einen schlechten. Wenn die Bewohner anderer europäischer Metropolen ihre Stadt als ›die schönste der Welt‹ rühmen, stehen die Brüsseler beschämt daneben und denken daran, dass sie nur so hässliche Worte wie »Brüsselisierung« und »Fassadismus« zum Wortschatz von Architekten und Städteplanern beigetragen haben.

Dabei hat die Stadt doch eine große und glanzvolle Vergangenheit, die durchaus ihre Spuren hinterlassen hat. Die Grand-Place, der Grand Sablon, die herrliche gotische Kathedrale künden von der Zeit, da Brüssel nicht nur die Residenzstadt des Herzogtums Brabant war, sondern auch eine Weltstadt des Handels, in der Waren aus Ost und West umgeschlagen wurden. Herzöge, Grafen und Statthalter hielten hier prächtig Hof und machten Brüssel zu einer Hauptstadt der Luxusgüter-Produktion. Die kunstvollen und kostspieligen Wandteppiche aus den hiesigen Manufakturen hängen noch heute in den Schlössern Mitteleuropas, und die zierlichen Brüssler Spitzen sind in aller Welt ein Begriff.

Hauptstadt des Baufiebers

Viele glanzvolle Epochen hat Brüssel erlebt, jede hinterließ ihre Spuren im Stadtbild und verschüttete dabei jene ihrer Vorgänger. Alte Kapellen mussten neuen Kirchen weichen, schmale Häuser ausladenden Palästen, gotische Tuchhallen barocken Zunfthäusern, enge Gassen breiten Boulevards. Im 19. Jh. wurde sogar die Senne, an deren Ufern die ersten Häuser der Stadt entstanden waren, in den Untergrund verbannt. Jahrzehntelang werkelten Maurer, Zimmerleute und Steinmetze, bis sie den monströsen Justizpalast fertig gestellt hatten, über 40 Jahre dauerte es, bis der Tunnel zwischen Nord- und Südbahnhof vollendet war – eine ganze Generation kannte das Stadtzentrum nur als Baustelle. Daran hat sich bis heute nicht viel geändert, nur sind es

Im Parc de Bruxelles

nun die riesigen Verwaltungsbauten der Europäischen Union, die die Jugendstil-Häuser der Belle-Epoque verdrängen.

Die Bestimmung zur Hauptstadt Europas hat Brüssel in den letzten Jahrzehnten schwere Opfer gekostet. Wer mit dem Zug anreist, für den ist es am deutlichsten: Die Konglomeration kleiner Vorstadt-Häuschen, die den Ballungsraum ankündigt, verdichtet sich allmählich zu einer Stadtlandschaft. Rechts taucht plötzlich das Atomium aus dem Häusermeer auf, eine vage Erinnerung an die Visionen der Moderne, denen sich Brüssels Stadtarchitektur so bereitwillig hingegeben hat, links erhebt sich der Bahnhof von Schaerbeek, eine verspielte Gründerzeitarchitektur, die schon mancher für eine Kirche gehalten hat. Dann rauscht die moderne Glaslandschaft des Nordbahnhofs und des Espace du Nord vorbei, eines hochmodernen, aber wenig inspirierten Büro- und Behördenviertels, mit dem sich Brüssel als modernes Tagungs- und Kommunikationszentrum ausweisen möchte. Doch wenn der Zug dann den langen Tunnel unter der Innenstadt wieder verlassen hat und auf den Südbahnhof zurollt, ist das Bild vor den Fenstern erbärmlich: Der Justizpalast, seit Jahren mit einem Baugerüst noch zusätzlich verschandelt, baut sich zur Linken auf, rechts stützen sich schwarze Häuserruinen gegenseitig, unbewohnbar gemacht und zum Abriss freigegeben. Doch dann schaut man sich um und sieht in der Ferne die kunstvoll durchbrochene Spitze des Rathausturms hinter den Dächern hervorlugen, und die goldene Michaelsfigur an ihrer Spitze funkelt in der Sonne. So stehen hier die Epochen in scharfen Brüchen nebeneinander und verweigern sich einem einheitlichen Bild.

Besonderes Merkmal: Unübersichtlichkeit

Die ständige Umgestaltung der Stadt erschwert es dem Besucher, sich einen Überblick zu verschaffen. Aber auch die wellige Landschaft, die einst das Tal der Senne bildete, trägt dazu bei. Kaum eine Straße, die sich nicht hinter eine Kuppe verliert, und bei einem längeren Stadtbummel kann man durchaus aus der Puste kommen. Schon der Marquis de Sade notierte in seinem Reisetagebuch: »Diese Stadt ist wegen ihrer Lage wenig angenehm; ständig muss man die Straßen bergauf- und bergabsteigen.«

Unübersichtlich wie die Topografie ist auch die Verwaltung Brüssels: 19 einzelne Gemeinden bilden die Region Brüssel-Hauptstadt, jede von ihnen hat weitreichende administrative und wirtschaftliche Kompetenzen – und ein prächtiges Rathaus, um diese auch zu dokumentieren. Bestimmte kulturelle Aufgaben liegen hingegen in der Hand der *Communauté française*, der frankophonen Gebietskörperschaft, die die Wallonie und Brüssel vertritt. Für entsprechende Belange auf flämischer Seite gibt es keine solche Körperschaft, diese werden von der Region Flandern mit übernommen. All diese unterschiedlichen Räte und Gremien mit einander oft überschneidenden Befugnissen tragen das Ihre zur Verwirrung bei. Das ungeordnete Nebeneinander schlägt dann leicht um in fröhliches Chaos, manchmal sogar in schiere Anarchie, wo Regeln und Gesetze allerhöchstens den Status von Vorschlägen und Empfehlungen haben.

Zwei Sprachen

Verstärkt wird das scheinbare Durcheinander noch dadurch, dass Brüssel eine (mindestens) zweisprachige Stadt ist. Je nachdem, in welchem Viertel man sich gerade befindet, schwirren einem französische oder flämische Sprachfetzen um die Ohren. Während Amts- und Umgangssprache in den nördlichen Provinzen Niederländisch (Flämisch) und in den wallonischen Gebieten im Süden Französisch ist, hat die Hauptstadt die Zweisprachigkeit gesetzlich festgeschrieben. Daher ist jedes einzelne Straßen- oder Hinweisschild in beiden Sprachen abgefasst, jedes Straßenverzeichnis doppelt so dick wie nötig, weil noch das kleinste Sträßchen nicht nur unter seinem französischen, sondern auch unter dem flämischen Namen eingetragen werden muss, damit man die Rue de la Pépinière ganz bestimmt auch unter B wie Boomkwekerijstraat findet. Und immer wieder muss man sich entscheiden, ob man *wafels* oder *gaufres*, *chou-fleur* oder *bloemkool*, *crevettes* oder *garnaalen*, *moules* oder *mosselen* essen will. Allerdings: In Wirklichkeit spricht nur jeder fünfte Bewohner Brüssels Niederländisch, Französisch ist nach wie vor die vorherrschende Sprache in Verwaltung und Dienstleistungssektor. Flämisch dagegen hört man mehrheitlich in den eher kleinbürgerlichen oder proletarischen Stadtvierteln wie Anderlecht, Molenbeek oder Ganshoren. Aber man soll sich nicht täuschen: Viele Brüsseler wechseln geschmeidig von der einen Sprache in die andere, je nach Ort und Gelegenheit.

Weltoffen und international

Für eine Metropole europäischen Zuschnitts ist Brüssel nicht besonders groß – es hat nur 980 000 Einwohner. Von ihnen sind über ein Viertel keine Belgier, sondern Teil des bunten Völkergemischs, das selbst für den flüchtigen Passanten auf den Straßen unübersehbar ist. Dabei gibt es jedoch deutlich zwei Arten von Ausländern: Die Edel-Eurokraten, für die Brüssel eine Sprosse auf der Karriereleiter ist, die die Luxusrestaurants bevölkern und zwar für Umsatz sorgen, aber auch die Preise in die Höhe treiben. Und die Immigranten, aus Asien und Afrika, vor allem aus Marokko und aus der ehemaligen belgischen Kolonie Kongo, die – noch – am unteren Ende der sozialen Treppe stehen. Auch sie beanspruchen ihren Platz im Leben der Stadt – und erhalten ihn. Zum Beispiel bei der Zinneke-Parade im Mai, die von den Stadtteil-Initiativen ausgerichtet wird: Sambagruppen, afrikanische Trommler, flämische Blaskapellen und wallonische Sänger schaffen gemeinsam die bunte Vision einer Welt, in der alle friedlich zusammenleben.

Dieses Zusammenleben wird sicherlich auch dadurch befördert, dass die

Stadt so klein und überschaubar ist. Was ihre Lebensqualität betrifft, liegt sie jedenfalls nicht schlecht im Rennen: Im Jahr 2004 bescheinigte eine einschlägige Studie der Stadt Platz 12 unter internationalen Großstädten, gleichauf mit Melbourne und Düsseldorf – zugegeben: beide nicht gerade aufregend, aber dafür friedlich und gemütlich. Bezüglich der Lebenshaltungskosten hingegen liegt die Stadt weit hinten: Auf Platz 53, wie Birmingham und Athen – auch das ein Pluspunkt.

Und in den letzten Jahren ist Brüssel offensichtlich aufgewacht. Die Stadt wird wieder schöner. Plätze und Orte, die bisher vernachlässigt worden waren und höchstens von früherem, verblasstem Ruhm lebten, wurden plötzlich aufgeputzt und strahlen als Supernovas am Firmament. Das Funkhaus Flagey in Ixelles etwa, ein Paradebau expressionistischer Bauweise der 1930er Jahre, konnte nicht nur vor der Abrissbirne gerettet werden, sondern ist nach umfangreicher Renovierung nun nicht nur ein neuer Treffpunkt für Theater- und Musikbegeisterte, sondern auch ein Hotspot für Nachtschwärmer. Die Galéries St-Hubert wurden neu belebt, und sogar für die grundlegende Erneuerung des rührend-altertümlichen Atomiums hat man Geld aufgetrieben – es glänzt nun wieder wie neu.

Ist Brüssel eine schöne Stadt? Ein hässlicher Moloch? Sie werden keine eindeutige Antwort finden. Brüssel ist nicht nur eine Stadt, Brüssel ist eine Lebenseinstellung. An der Schnittstelle zweier Sprach- und Kultursysteme gelegen, ist die Stadt ein Musterbeispiel für Eigenständigkeit und Regionalismus, und zugleich für Koexistenz, Toleranz und internationales Flair. Hätte man für Europa eine geeignetere Hauptstadt finden können?

Brüssel in Zahlen

Bevölkerung: Der Großraum Brüssel hat 990 000 Einwohner, davon sind etwa ein Viertel Ausländer (ca. 73 000 Marokkaner, 32 000 Franzosen, 30 000 Italiener, 11 000 Schwarzafrikaner, 11 000 Asiaten, 6300 Deutsche).
Lage und Größe: Brüssel liegt etwa in der Mitte Belgiens, von keiner größeren Stadt des Landes mehr als zwei Autostunden entfernt. Die *Agglomération Bruxelles,* der Großraum Brüssel, umfasst 161 km^2; die Stadt liegt auf einer Höhe von 15–100 m über NN.
Verwaltung: Brüssel besteht aus 19 weitgehend selbstständigen Gemeinden – Bruxelles-Ville, Anderlecht, Auderghem, Berchem-Ste-Agathe, Etterbeek, Evere, Forest, Ganshoren, Ixelles, Jette, Koekelberg, Molenbeek-St-Jean, St-Gilles, St-Josse-ten-Noode, Schaerbeek, Uccle, Watermael-Boitsfort, Woluwé-St-Lambert, Woluwé-St-Pierre. Innerhalb des belgischen Staates ist der Großraum Brüssel eine von drei föderativen Regionen, an deren Spitze ein Ministerpräsident steht.
Sprache: Brüssel ist eine zweisprachige Region, d. h. alle öffentlichen und auch die meisten privaten Bekanntmachungen, Hinweisschilder usw. sind sowohl in Französisch wie auch in Niederländisch verfasst. Der Anteil der frankophonen Brüsseler beträgt um 80 %, auch die meisten Ausländer und Einwanderer sprechen eher Französisch als Niederländisch.

Geschichte

Geschichte live beim jährlichen Ommegang

979	Auf einer Insel in der Senne erbaut Herzog Karl von Niederlothringen eine Burg, um die eine kleine Ansiedlung wächst. Nach ihrer Lage in den sumpfigen Flussauen wird sie *Bruocsella* genannt: Siedlung *(sella)* in den Sümpfen *(brux)*.
12./13. Jh.	Dank seiner Lage an der Handelsstraße von Köln nach Brügge entwickelt sich Brüssel zu einer blühenden Stadt, besonders die Tuchindustrie floriert.
1303	Die Handwerkerzünfte erheben sich gegen die Patrizier und bestimmen für drei Jahre die Geschicke der Stadt. 1306 werden sie in der Schlacht von Vilvoorde vernichtend geschlagen.
1406–1477	Regierungszeit der Herzöge von Burgund
1482	Die Niederlande und mit ihnen Brüssel gehen in den Besitz der Habsburger über.
1520	Die Familie Thurn und Taxis installiert von Brüssel aus einen regelmäßigen Postdienst.
1566	300 Edelleute, an ihrer Spitze die Grafen Hoorn und Egmont, überreichen der Statthalterin eine Bittschrift, in der die Abschaffung der Inquisition verlangt wird. Die Anführer werden verhaftet und hingerichtet, in dem darauf folgenden ›Bildersturm‹ werden unzählige Kirchen verwüstet.
1567	Der spanische Herzog Alba zieht am 22. August an der Spitze eines 60 000 Mann starken Heeres in Brüssel ein, um den Protestantismus mit Feuer und Schwert auszurotten.
1695	Im französischen Eroberungskrieg wird Brüssel bombardiert, die Grand-Place sinkt in Schutt und Asche. In weniger als fünf Jahren ersteht sie neu – prächtiger denn je.

1713 Die Südlichen Niederlande und damit Brüssel gehen im Frieden von Utrecht an die österreichischen Habsburger über.

1815 In Waterloo südlich von Brüssel wird Napoleon von englischen, niederländischen und preußischenHeeren endgültig besiegt. Der Wiener Kongress vereinigt Belgien mit den Nördlichen Niederlanden.

1830/31 Belgische Revolution und Unabhängigkeit. Erster König des neuen Staates wird Leopold von Sachsen-Coburg.

1847/48 Karl Marx und Friedrich Engels veröffentlichen in Brüssel das »Kommunistische Manifest«.

1868–1871 Überbauung der Senne, Anlage der großen Boulevards.

1914–1918 Erster Weltkrieg: Deutsche Truppen besetzen Belgien.

1932 Für Flandern und die Wallonie wird die jeweilige Landessprache als Amtssprache gesetzlich festgeschrieben, für Brüssel gilt die Zweisprachigkeit.

1940 Erneut überfallen deutsche Truppen Belgien. König Leopold III. wird im Schloss Laeken interniert.

1944 Britische Panzertruppen rücken am 3. September in Brüssel ein, Belgien ist befreit.

1958 Weltausstellung im Heyselpark. Ihr Wahrzeichen: das Atomium.

1959 Brüssel wird Sitz der Europäischen Wirtschaftsgemeinschaft (EWG) und der EURATOM.

1967 Brüssel wird auch Sitz der NATO. Die Gebäude für den Europarat und die Europäische Kommission werden errichtet.

1980 Höhepunkt des Sprachenstreits

1993 Belgien wird in einen Bundesstaat umgewandelt, Brüssel ist nun ein eigenes, weitgehend autonomes Bundesland.

2004 Durch die EU-Erweiterung ziehen 106 neue EU-Parlamentarier nach Brüssel.

2006 Nach grundlegender Sanierung wird das Atomium im Februar feierlich wiedereröffnet. Die Kosten für die Runderneuerung wurden von zahlreichen Sponsoren aufgebracht.

Gut zu wissen

Wandgemälde in der Metro-Station Hankar

Aussichtspunkte

Von der Terrasse des **MIM** (Musikinstrumentenmuseum) bekommt man einen schönen Überblick über die Oberstadt und sieht einige vertraute Gebäude aus ungewöhnlicher Perspektive. Die Treppenanlage am **Kunstberg** bietet den schönsten Blick auf die Unterstadt mit dem Rathausturm als markantem Ausrufezeichen und dem Panorama der Dächer. Auch die **Place Poelaert** vor dem Justizmuseum und die Plattform an der **Kongresssäule** haben einen unverbauten Blick, von diesen beiden Stellen aus kann man leider auch einen ungeschönten Blick auf die schlimmsten Bausünden (Cité administrative) werfen. Die **Arkaden** beim Jubelpark (zugänglich durch das Militärmuseum) erlauben einen Blick ins Grüne und auf das schöne Stadtviertel Etterbeek. Die ganze Stadt und ihre Umgebung liegt jenen zu Füßen, die die Kuppel der **Basilika von Koekelberg** oder die oberste Kugel des **Atomiums** besteigen, dafür sollte man allerdings einen Tag mit klarer Sicht wählen, sonst versinkt alles in grauem Dunst. Oder fahren Sie mit dem **Aufzug** von den **Marollen** hinauf zum Palais de Justice und genießen Sie durch seine Glaswände den Blick auf das Stadtpanorama, das sich im Emporschweben langsam entfaltet.

Bitte nicht

Die Belgier haben gemeinhin keine hohe Meinung von ihrem Staat und seinen Repräsentanten und halten mit dieser Meinung auch nicht hinter dem Berg. Als Gast verkneift man sich allerdings tunlichst kritische Bemerkungen über belgische Angelegenheiten, auch über den Fahrstil der Belgier, den unseligen Sprachenstreit oder andere heikle Themen. Vor allem das Königshaus gilt vielen Belgiern als verbindende Klammer, und sie sprechen, wenn schon nicht mit Zuneigung, so doch mit Achtung und Respekt von der königlichen Familie.

Ermäßigungen

Die **Brussels Card** (30 €) gilt drei Tage und erlaubt freie Fahrt auf allen Verkehrsmitteln sowie freien Eintritt in viele (nicht alle!) Museen. Allerdings sollte man abwägen: Eine Tageskarte für alle Verkehrsmittel kostet 3,60 € und ist an Wochenenden sogar für 2 Personen gültig. Wer also lieber durch die Stadt streift und höchstens ein oder zwei Museen besuchen will, ist damit besser bedient. Die Kombikarte **Dimanche au Mont des Arts** (Ein Sonntag auf dem Kunstberg) bietet sonntags für 11 € freien Eintritt in die Museen auf dem Kunstberg sowie für Ausstellungen und Konzerte im Palais des Beaux Arts.

Essenszeiten

Von 12–14.30 sowie ab 18/19 Uhr ist man in Restaurants zu einer Hauptmahlzeit willkommen. Es ist allerdings, vor allem an Wochenenden, keineswegs unüblich, noch um 22 Uhr zum Essen zu kommen. Im Café bekommt man den ganzen Tag kleine Snacks, Suppen, Sandwiches (riesige aufgeschnittene Baguettes mit Wurst, Käse oder Salat) oder eine Portion Pommes. Ebenfalls allzeit bereit sind die Frittenbuden (Fritures / Frituur).

Feiertage

1. Januar – Neujahr
Ostermontag
1. Mai – Maifeiertag
Christi Himmelfahrt
Pfingstmontag
21. Juli – Nationalfeiertag
15. August – Mariä Himmelfahrt
1. November – Allerheiligen
11. November – Waffenstillstandstag
25. Dezember – Weihnachten

Die meisten Museen haben am Neujahrstag, am 1. Mai, 1. und 11. Nov. sowie am 1. Weihnachtstag geschlossen.

Handeln

Um den Preis zu feilschen ist auf den Flohmärkten einen Versuch wert, aber nicht immer erfolgreich. Grundsätzlich gilt: Handeln Sie nur, wenn Sie echtes Interesse an einem Gegenstand haben und bieten Sie einen realistischen Preis. Wenn Sie kein Glück haben, probieren Sie, für einen nur wenig höheren Preis ein zweites Stück dazu zu bekommen.

Iris

Die Iris ist das Symbol Brüssels, auf Straßenbahnen, Prospekten und bezeichneten Rundgängen begegnet man ihr immer wieder. Als Pflanze, die am liebsten an feuchten Ufern gedeiht, fühlte sie sich schon vor 1000 Jahren im sumpfigen Talgrund der Senne wohl, die Sümpfe sind ja auch in den Namen der Stadt eingegangen: *Bruocsella* – Stadt in den Sümpfen. 1991, nachdem Brüssel eine eigenständige Verwaltungsregion wurde, hat man dieses Symbol eingeführt und propagiert es seither mit viel Engagement, wenn auch der Weg noch lang ist, bis es das Manneken Pis als inoffizielles Wahrzeichen der Stadt abgelöst haben wird.

Klima und Reisezeit

Das Brüsseler Klima ist atlantisch geprägt, mit milden, feuchten Wintern und nicht zu hohen Temperaturen im Sommer. Ein Brüssel-Besuch lässt sich also das ganze Jahr über einplanen, wobei Frühjahr und Herbst die angenehmsten Zeiten sind: lange Tage, nicht zu heiß und auch nicht so neblig-trüb wie in den Wintermonaten.

Porto

Briefe und Postkarten innerhalb Belgiens: 44 Cent, in EU-Länder: 55 Cent, *priorité* (schnellere Zustellung): 50 bzw. 65 Cent.

Zwei Sprachen

Brüssel ist eine zweisprachige Stadt, sämtliche Straßennamen, alle öffentlichen Gebäude, aber auch Speisekarten, Reklameschilder und viele Websites sind sowohl in Französisch wie auch in Niederländisch abgefasst. De facto aber sprechen vier Fünftel der Bewohner Brüssels französisch. Bei den Adressangaben in diesem Band haben wir uns der besseren Übersichtlichkeit wegen auf die französische Fassung der Namen beschränkt.

Preisniveau & Reisekasse

Brüssel ist keine preiswerte Stadt, vor allem im Zentrum, wo man sich als Tourist wohl meistens aufhalten wird, kann man ganz schön viel Geld ausgeben. In Restaurants wird ein Hauptgericht selten weniger als 12 € kosten, für einen Kaffee muss man schon mal 2,50 € hinlegen. Günstiger sind meist asiatische Restaurants oder die Tagesgerichte in den Cafés. Für ein Bier zahlt man 1,80–5 €, je nach Sorte, für einen Fahrschein 1,50 €, für einen Kaffee 1,50–2,50 €.

Rauchen

Rauchen ist in öffentlichen Gebäuden wie Bahnhöfen oder Postämtern verboten. In Restaurants und Cafés wird meist eine spezielle Raucherzone ausgewiesen.

Restaurantrechnung

Üblicherweise bekommt man nach dem Essen eine gemeinsame Rechnung für die ganze Tischgesellschaft. Die Bedienung ist meist nicht darauf eingerichtet, dass alle getrennt zahlen wollen wie in Deutschland – das wirkt auf Belgier kleinlich und befremdlich.

Sicherheit

Wie in allen Großstädten empfehlen sich auch in Brüssel gewisse Vorsichtsmaßnahmen: Wertsachen möglichst im Hotelsafe zurücklassen, größere Geldbeträge nicht in der Manteltasche herumtragen, Handtaschen immer am Körper behalten, ohne sie allzu auffällig an sich zu pressen, Autos in bewachten Garagen abstellen. Abends sollte man sich lieber ein Taxi leisten, als durch unbeleuchtete, einsame Straßen nach Hause zu schlendern. Immer wieder wird von Taschendiebstählen oder sogar Raubüberfällen am Gare du Midi berichtet, dem Bahnhof, an dem die meisten Besucher ankommen – hier ist also besondere Vorsicht geboten.

Souvenirs

Was bringt man am besten mit? Ist die Heimreise nicht allzu lang, müssen es frisch produzierte Pralinen sein. Feinschmecker finden auf Märkten und in Feinkostgeschäften feine Pasteten, Käse und Gebäck, auch eine Sammlung von verschiedenen belgischen Bieren mit den passenden Gläsern ist ein gutes Mitbringsel. Spitzendecken sind das klassische, Comics oder einschlägige Figuren ein ausgefallenes und ein Mitbringsel vom Flohmarkt ein nahezu unvermeidliches Souvenir.

Sprache

In Brüssel spricht man sowohl französisch wie auch niederländisch (flämisch), wobei das Französische deutlich überwiegt. Die meisten Flamen sprechen auch Französisch, die wenigsten Wallonen hingegen Niederländisch. In vielen Kneipen und Restaurants kommt man auch mit Englisch durch, außerdem sind die Brüsseler es in touristischen Zusammenhängen gewohnt, mit den ausgefallensten Sprachen irgendwie zurecht zu kommen. Dennoch sollte man der Höflichkeit halber nicht gleich auf Deutsch loslegen, sondern zumindest durch eine Frage wie ›Sprechen Sie Deutsch oder Englisch?‹ *(Parlez-vous allemand ou anglais? / Spreekt U Duits of Engels?)* zu signalisieren, dass man es nicht als selbstverständlich ansieht, dass der Gesprächspartner sich auf eine Fremdsprache einzustellen hat.

Toiletten

Toiletten führen oft ein trauriges Dasein: Steile Treppen führen irgendwo hinauf oder hinunter, meist in ein win-

Kunst in der Metro

Fast alle Stationen der Brüssler Metro sind von zeitgenössischen belgischen Künstlern mit Wandbildern, Reliefs, Deckenskulpturen, Mosaiken oder Skulpturen in eine Galerie moderner Kunst verwandelt worden. Die Kunstwerke sind teilweise aus dem Zug zu besichtigen, teilweise befinden sie sich in den Eingangshallen (www.art-public.com/caid). Hier eine Auswahl:
Anneessens: »Sept écritures« (»Sieben Schriften«), typographischer Fries auf Papier von Pierre Alechinsky und Christian Dotremont, 1976.
Botanique: »The Last Migration«, Basreliefs aus gehämmertem Kupfer von Jean-Pierre Ghysels, 1977, sowie »Les Voyageurs« (»Die Reisenden«), 21 bunte Holzfiguren von Pierre Caille, 1979.
Bourse: »Nos vieux Trams bruxellois« (»Unsere alten Brüsseler Straßenbahnen«), Wandgemälde von Paul Delvaux, 1978, sowie »Moving Ceiling«, Edelstahlskulptur von Pol Bury an der Decke, 1976.
Ceria: Der deutsche Künstler Martin Kasimir hat die Wände der Station mit riesigen Fotos bedeckt, von denen zufällige Passanten die U-Bahn-Passagiere grüßen.
Gare du Midi: »Structures rythmées« (»Rhythmische Strukturen«), Deckenbemalung in Schwarz und Gelb von Jacques Moeschal, 1988.
Hankar: »Notre temps« (»Unsere Zeit«), Wandgemälde von Roger Somville, 1976.
Jacques Brel: »Coming up for air«, zwei Wandgemälde von Maurice Wychaert, 1982.
Louise: »Droom van Poelaert« (»Poelaerts Traum«), typographisches Gemälde von Marcel Maeyer, 1985
Stockel: »Tintin dans le métro«, 150 Figuren aus den Comics »Tim und Struppi« von Hergé, 1988

ziges Kämmerchen. In alten Cafés gibt es meist nur eine Gelegenheit für Damen und Herren, die Hände wascht man sich auf dem Flur – nehmen Sie es gelassen wie die Brüsseler.

Trinkgeld

In Restaurants und Cafés ist der Service im Preis inbegriffen, allerdings ist es üblich, je nach Zufriedenheit etwa 5 % des Rechnungsbetrags (z. B. das Wechselgeld) auf dem Tisch zu hinterlassen. Auch wer mit Kreditkarte zahlt, sollte das Trinkgeld in bar geben, dann erhält es die Bedienung sofort und unmittelbar. (In diesem Fall auf dem Kreditkartenformular die Rechnungssumme noch einmal in das untere Feld eintragen.) Bei einem längeren Hotelaufenthalt bedenkt man Zimmermädchen und Portier mit einem kleinen Betrag. Garderobenpersonal und Taxifahrer erwarten ebenfalls ein Trinkgeld, Madame Pipi bekommt 25–50 Cent.

Zeitungen

Wichtige deutsche Tageszeitungen bekommt man an den Kiosken im Zentrum. In jeder Ausgabe der englischsprachigen Wochenzeitschrift »The Bulletin« findet sich das Magazin »What's on« mit ausführlichen Veranstaltungshinweisen für Brüssel und andere belgische Städte. Auch das Magazin »Knack« (niederländisch) enthält Veranstaltungstipps, Kinoprogramme etc.

Sprachführer französisch

Allgemeines

Guten Tag	bonjour
Guten Abend	bonsoir
Auf Wiedersehen	au revoir
Wie geht's?	Ça va?
Danke, gut.	Merci, bien.
bitte	s'il vous plaît
danke	merci
Entschuldigung	pardon
Ich heiße …	Je m'appelle …
Wo ist…	Où est …?
Wann?	Quand?

Zeit

Sonntag	dimanche
Montag	lundi
Dienstag	mardi
Mittwoch	mercredi
Donnerstag	jeudi
Freitag	vendredi
Samstag	samedi
Feiertag	jour de fête
Minute	minute
Stunde	heure
Tag	jour
Woche	semaine
Monat	mois
Jahr	année
heute	aujourd'hui
gestern	hier
morgen	demain
morgens	le matin
mittags	à midi
nachmittags	l'après-midi
abends	le soir
vor / nach	avant / après
früh / spät	tôt / tard

Notfall

Hilfe!	Au secours!
Polizei	police
Arzt	medecin
Unfall	accident
Panne	panne

Unterwegs

Haltestelle	arrêt
Bus	bus, car
Fahrkarte	ticket
Bahnhof	gare
Flughafen	aéroport
Auto	voiture
Eingang, -fahrt	entrée
Ausgang, -fahrt	sortie
bei	chez
links / rechts	à gauche / à droite
geradeaus	tout droit
hier / dort	ici / là
Stadtplan	plan de ville
Auskunft	information
Vorsicht	attention
Bank	banque
Telefon	téléphone
Telefonkarte	télécarte
Post	poste
geöffnet	ouvert
geschlossen	fermé

Einkaufen

kaufen	acheter
verkaufen	vendre
Geschäft	magasin
Markt	marché
Bäcker	boulanger
bar	en espèces
Geld	argent
Scheck	chèque
Kreditkarte	carte de crédit
teuer	cher
billig	bon marché
Wieviel?	Combien?

Übernachten

Zimmer	chambre
für eine Person	pour une personne
Bad	salle de bains
Dusche	douche
Doppelbett	grand lit
Einzelbetten	deux lits

Schlüssel	clé
Handtuch	serviette
Bettwäsche	draps
Aufzug	ascenseur
Gepäck	bagages
Pass	passeport
Ausweis	carte d'identité
Quittung	facture
Empfang	réception
wecken	réveiller
Preis	prix
Rechnung	note
Name	nom
Vorname	prénom
Ankunft	arrivée
Abfahrt	départ
Parkplatz	parking

Im Restaurant

Frühstück	petit déjeuner
Mittagessen	déjeuner
Abendessen	dîner
Mahlzeit	repas
essen / trinken	manger / boire
Tisch	table
reservieren	réserver
Messer	couteau
Gabel	fourchette
Löffel	cuillère
Teelöffel	petite cuillère
Teller	assiette
Flasche	bouteille
Glas	verre
Speisekarte	carte, menu
Weinkarte	carte des vins
Vorspeise	hors d'œuvre
Hauptgericht	plat principal
Tagesgericht	plat du jour
Nachspeise	dessert
zahlen	payer
Rechnung	addition
vegetarisch	végétarien
Wasser	de l'eau
Getränk	boisson
mit Kohlensäure	gazeux

Zahlen

1	un	16	seize
2	deux	17	dix-sept
3	trois	18	dix-huit
4	quatre	19	dix-neuf
5	cinq	20	vingt
6	six	30	trente
7	sept	40	quarante
8	huit	50	cinquante
9	neuf	60	soixante
10	dix	70	soixantedix
11	onze	80	quatrevingt
12	douze	90	quatre-vingt-dix
13	treize		
14	quatorze	100	cent
15	quinze	1000	mille

Wichtige Sätze

Wie komme ich nach…? Comment j'arrive à …?
Wieviel kostet das? Ça coûte combien?
Wo finde ich…? Où est-ce que je peux trouver…?
Ich brauche… J'ai besoin de…
Wann öffnet/schließt…? Quand ouvre/ferme…?
Haben Sie ein freies Zimmer? Avez-vous une chambre de libre?
Sprechen Sie Deutsch/Englisch? Parlez-vous l'allemand/l'anglais?
Wo kann ich den Wagen parken? Où puis-je garer ma voiture?
Können Sie mir helfen? Pourriez-vous m'aider?
Hau ab! Fiche le camp!

Sprachführer niederländisch

Aussprachehilfen

Niederländisch	Deutsch
ei z. B. in plein	wie **äi** in Lady, aber kurz
eu z. B. in deur	wie **ö** in dösen
oe z. B in boek	wie **u**
ou z. B. in oud	wie **au**
u z. B. in nul	wie **ü**
ui z. B. in uit	etwa **öi**, an diesem Vokal scheitern die meisten Ausländer
ij z. B. in lijn	wie **ei**, kommt im Alphabet an letzter Stelle
g z. B. in tegel	etwa wie **ch** in fluchen
sch z. B. in schaap	s + ch getrennt sprechen

In der holländischen Schriftsprache stößt man manchmal auf ein Trema wie z. B. in Indië oder drieëntwintig, d. h. beide Vokale müssen einzeln gesprochen werden.

Allgemeines

Guten Tag, Herr	Dag meneer
Guten Tag, Frau	Dag mevrouw
Guten Morgen	Goedemorgen
Guten Tag	Goedemiddag
Guten Abend	Goedenavond
Gute Nacht	Goedenacht
Auf Wiedersehen	Tot ziens
Wie geht's?	Hoe gaat het?
Danke, gut	Goed, dank u wel
Entschuldigung	Sorry/pardon
Es tut mir leid!	Het spijt me!
Achtung!	Let op!/Pas op!
Hilfe!	Help!
Bitte	Alstublieft
Danke	Bedankt/dank u wel
Gern geschehen	Geen dank/ Graag gedaan
Bitte sehr	Alstublieft
Mein Name ist …	Mijn naam is…
Wo ist hier …?	Waar is hier…?
Wann?	Wanneer?

Zeit

Montag	maandag
Dienstag	dinsdag
Mittwoch	woensdag
Donnerstag	donderdag
Freitag	vrijdag
Samstag	zaterdag
Sonntag	zondag
Feiertag	feestdag
Stunde	uur
Tag	dag
Woche	week
Monat	maand
Jahr	jaar
heute	vandaag
gestern	gisteren
morgen	morgen
morgens	's morgens
nachmittags	's middags
abends	's avonds

Unterwegs

Haltestelle	bushalte/tramhalte
Fahrkarte	kaartje
Bahnhof	station
Flughafen	luchthaven
Tankstelle	benzinepomp
Eingang	ingang
Ausgang	uitgang
links / rechts	links / rechts
Stadtplan	plattegrond
Bank	bank
Telefon	telefoon
Telefonkarte	telefonkaart
Post	postkantoor
Unfall	ongeval

Im Hotel

Zimmer	kamer
Einzelzimmer	eenpersoonskamer

Doppelzimmer	tweepersoonskamer
Bad	badkamer
Dusche	douche
Schlüssel	sleutel
Handtuch	handdoek
Aufzug	lift
Gepäck	bagage
Pass, Ausweis	pas
Quittung	kwitantie
Empfang	receptie
wecken	wakker maken
abfahren	vertrekken
Parkplatz	parkeerplats

Im Restaurant

Frühstück	ontbijt
Mittagessen	lunch
Abendessen	dinner
Mahlzeit	maaltijd
Tisch	tafel
reservieren	reserveren
Messer	mes
Gabel	vork
Löffel	lepel
Teelöffel	lepeltje
Teller	bord
Flasche	fles
Glas	glas
Tasse	kop
Speisekarte	kaart, menu
Vorspeise	voorgerecht
Hauptgericht	hoofdgerecht
Tagesgericht	dagschotel
Nachspeise	nagerecht
Rechnung	rekening
bezahlen	afrekenen
Getränk	drank
Schotel	Platte

Zahlen

1	één	17	zeventien
2	twee	18	achttien
3	drie	19	negentien
4	vier	20	twintig
5	vijf	21	éénentwintig
6	zes	30	dertig
7	zeven	40	veertig
8	acht	50	vijftig
9	negen	60	zestig
10	tien	70	zeventig
11	elf	80	tachtig
12	twaalf	90	negentig
13	dertien	100	hondert
14	veertien	1000	duizend
15	vijftien		
16	zestien		

Die wichtigsten Sätze

Entschuldigung, könnten Sie mir helfen? Pardon/Sorry, kunt u me helpen?
Wie viel kostet das? Hoeveel kost dat?
Wo finde ich …? Waar vind ik …?
Geht es hier nach …? Is dit de weg naar …?
Ich brauche … Ik heb … nodig
Haben Sie ein freies Zimmer? Heeft u een kamer vrij?
Könnte ich das Zimmer sehen? Mag ik de kamer zien?
Sprechen Sie Deutsch/Englisch? Spreekt u Duits/Engels?
Können Sie langsamer sprechen? Kunt u wat langzamer praten?
Ich verstehe Sie nicht. Ik begrijp u niet.
Können Sie mir helfen? Kunt u me alstublieft helpen?
Wo ist die Toilette? Waar is de W.C.?

Auskunft

… in Deutschland

Belgien Tourismus Wallonie-Brüssel
Cäcilienstr. 46
50667 Köln
Tel. 0221/277 59-0
Fax 0221/277 59-100
www.belgientourismus.de

… in Österreich

Tourismuswerbung Flandern Brüssel
Mariahilferstr. 121b
1060 Wien
Tel. 01/596 06 60
Fax 01/596 06 95
www.flandern.co.at

In der Schweiz gibt es keine Informationsstelle für Belgien, Anfragen müssen direkt an das OPT Brüssel (s. u.) gerichtet werden.

Informationen in Brüssel

Brussels International
Hôtel de Ville/Stadhuis
Grand-Place/Grote Markt
1000 Brüssel
Tel. +32-2-513 89 40
www.brusselsinternational.be
tgl. 9–18 Uhr
im Winter So nur 10–14 Uhr

Broschüren, Stadtpläne, Karten für bestimmte Veranstaltungen (Ommegang, Jazz-Marathon), Tageskarten, Zimmervermittlung.

Zweigstellen
- Im Gare du Midi / Zuidstation, Halle TGV, Thalys, Eurostar
- In der Ankunftshalle des Brüsseler Flughafens Zaventem

Office de Promotion du Tourisme Wallonie-Bruxelles (OPT) sowie **Toerisme Vlaanderen**
63, rue du Marché aux Herbes
1000 Bruxelles
Tel. +32-2-504 03 90
Fax +32-2-504 04 75
Großes Informationszentrum der Fremdenverkehrsverbände beider Regionen, auch Infos über andere belgische Städte, Zimmernachweis und -vermittlung.

Einreise

Bürger der EU und der Schweiz benötigen zur Einreise einen Personalausweis, bei einem Aufenthalt von mehr als drei Monaten einen gültigen Reisepass.
Zollbestimmungen: Waren des persönlichen Gebrauchs unterliegen in der EU keinen Einfuhrbeschränkungen. Doch beim Dutyfree-Einkauf und für Schweizer gelten folgende Beschränkungen: 400 Zigaretten oder 200 Zigarillos oder 500 g Tabak; 1 l Spirituosen oder 2 l Wein; 50 g Parfüm.

Anreise

Mit dem Zug

Brüssel erreicht man mit dem ICE (ab Köln dreimal tgl.) oder mit dem Hochgeschwindigkeitszug Thalys, der die Strecke Köln–Aachen–Lüttich–Brüssel –Paris bedient und für die Strecke Köln–Brüssel 2.20 Std. benötigt. Für den Thalys gilt ein eigenes Tarifsystem, Karten (immer mit Platzreservierung) müssen vorab gekauft werden. Für Wochenenden gibt es ein Kontigent an ermäßigten Plätzen, die bis zu drei Monaten vorher ausgegeben werden. Vor allem an den Wochenenden im Mai empfiehlt sich eine frühzeitige Reservierung. Auf der Internetseite www.thalys.com gibt es Fahrplan- und Preisinformationen sowie die Möglichkeit, sein Ticket selbst auszudrucken (Kreditkartennummer angeben).

Der Thalys hält in Brüssel nur am **Gare du Midi/Zuidstation** (Südbahnhof); Hauptbahnhof (Gare Centrale) und Nordbahnhof (Gare du Nord) sowie das Stadtzentrum sind von dort problemlos mit der Metro zu erreichen.

Mit dem Auto

Brüssel erreicht man aus Süddeutschland über Saarbrücken–Luxemburg–Namur (A4/E411), aus Nord- und dem nördlichen Ostdeutschland über Duisburg–Eindhoven–Antwerpen (A1/E19), aus West- und dem südlichen Ostdeutschland über Aachen–Liège (Lüttich)–Leuven (A2/E40).

Mit dem Flugzeug

Brüssel wird täglich mehrmals von praktisch allen deutschen Städten (außer Köln) von Lufthansa, SN Brussels Airlines und anderen Fluglinien angeflogen, Wien und Zürich werden auch von den nationalen Fluggesellschaften Austrian Airlines und Swiss International Air bedient.

Der Flughafen Zaventem liegt etwas östlich der Stadt, es besteht eine sehr gute regelmäßige S-Bahn-Verbindung (Brussels Airport Line) zu den drei Bahnhöfen. Fahrzeiten zwischen 5 und 23 Uhr. Fahrscheine (3 €) erhält man am Schalter oder (mit Aufschlag) im Zug). Auch der Bus 12 fährt vom Flughafen in die Stadt.
Info: +32-2-753 42 21
www.BrusselsAirport.be

Geld

1€ = 1,54 sFr; 1 sFr = 0,65 €.
Mit der EC/Maestro-Card und der PIN-Nummer kann man an allen Geldautomaten Bargeld abheben. Automaten befinden sich z.B. auf der Grand-Place, oder im Centre Monnaie.
VISA / Eurocard Notrufnummer:
+32-070-344 344

Notfall

EU-weiter Notruf: 112
Feuerwehr, Notarzt: 100
Polizei: 101
Ambulanz: 105
Zahnärztl. Notdienst: 4 26 10 26
Pannenhilfe: Tel. +32-78-15 20 00 (Royale Automobile Club de Belgique); Tel. 070/ 34 47 77 (Touring Club Royale de Belgique), für ADACplus-Mitglieder kostenlos.
Fundbüro: Es gibt in Brüssel kein zentrales Fundbüro. Hat man auf der Straße oder auf öffentlichen Plätzen etwas verloren, wendet man sich an die Polizeidirektion: 30, rue du Marché au Charbon, Tel. +32-2 279 79 79
Verlust in öffentlichen Verkehrsmitteln: 15, av. de la Toison d'Or,
Tel. +32-2-515 23 94.
Flughafen (im Flugzeug vergessene Gegenstände): Tel. +32-2-723 07 07; (im Flughafen verlorene Gegenstände): Tel. +32-2-723 60 11.

Diplomatische Vertretungen

Botschaft der Bundesrepublik Deutschland:
8–14, rue Jacques de Lalaing
1040 Bruxelles, Tel. +32-2-787 18 00
www.bruessel.diplo.de

Österreichische Botschaft:
5b, place du Champs de Mars
1050 Bruxelles
Tel. +32-2-289 07 00
Botschaft der Schweizerischen Eidgenossenschaft
26, rue de la Loi
1040 Bruxelles
Tel. +32-2-285 43 50
www.eda.admin.ch/bruxelles

Telefonieren

Vorwahlen

von Deutschland, Österreich und der Schweiz nach Brüssel: + 32/2/ ...
von Belgien nach Deutschland: + 49
nach Österreich: + 43
in die Schweiz: + 41
Vorwahl Brüssel: (0)2
Die meisten Telefonzellen haben ein Kartentelefon. Telefonkarten gibt es auf Postämtern, in Zeitungskiosken und Bahnhöfen.

Öffnungszeiten

Banken: Mo–Fr 9–15.30 Uhr; Bank am Gare du Nord bis 23 Uhr.
Geschäfte: Mo–Sa 8–19 oder 20, Do bis 21 Uhr. Bäckereien und Metzgereien haben häufig auch am Sonntagvormittag geöffnet und schließen dafür an einem anderen Tag der Woche. Auch die Geschäfte im Viertel Marollen sind in der Regel sonntags geöffnet, dafür an einem oder zwei anderen Tagen der Woche geschlossen.
Museen: Der wöchentliche Schließtag ist meist Mo oder Di, an den anderen Tagen ist in der Regel zwischen 12 und 14 Uhr eine Mittagspause.
Post: Mo–Fr 9–16/17 Uhr. Postamt im Centre de la Monnaie: Mo–Fr 8.30–19, Sa 9–15 Uhr. Postamt am Gare du Midi: tgl bis 23 Uhr. Porto s. S. 15.

Unterwegs in Brüssel

Mit Metro, Tram und Bus

Das Brüsseler Verkehrsnetz ist dicht, die Orientierung einfach. In den neueren Bussen und Straßenbahnen wird die nächste Haltestelle elektronisch angezeigt. Ein Faltplan, aus dem die Metro-, Tram- und Buslinien mit Haltestellen zu ersehen sind, ist kostenlos an allen Metro-Schaltern erhältlich. Die Bahnen und Busse fahren zwischen 6 und 24 Uhr, auf einigen Linien sind Nachtbusse eingesetzt. **Infostellen:** Porte de Namur, Rogier, Midi. **Fahrscheine** erhält man an Metro-Schaltern, an Automaten in Metro-Stationen und an einigen größeren Haltestellen sowie bei den Tram- und Busfahrern. Es gibt Einzelkarten, 5- und 10-Fahrtenkarten, die beim Einsteigen entwertet werden müssen und dann 1 Std. gültig sind, egal, wie oft man umsteigt.

Tageskarten *(ticket d'un jour)* sind nur an Automaten oder in den Metro-Stationen sowie in der Tourist Info erhältlich und müssen vor der ersten Fahrt abgestempelt werden. An Wochenenden ist die die Tageskarte zum selben Preis für zwei Personen gültig.

Preise: Einzelfahrschein: 1,40 €, 5-Fahrten-Karte: 6,50 €, Tageskarte: 3,80 €.

Mit dem Auto

Alkohol am Steuer: max. 0,5 Promille; Sicherheitsgurte müssen auch auf den Rücksitzen angelegt werden.

Parken

Wie in allen großen Städten ist es in Brüssel ratsam, das Auto für die Dauer des Aufenthalts in ein Parkhaus zu stellen. Parkhäuser befinden sich u. a. in der Rue du Marché aux Herbes, in der rue Neuve und am Boulevard de l'Empereur / Place de Justice. Wer am Straßenrand parkt, muss immer ein Parkticket am Automaten lösen.

Taxi

Taxistände gibt es an allen Bahnhöfen und vor den großen Hotels. Im großen und ganzen sind die Fahrpreise ähnlich wie in deutschen Städten. Auf eine Grundgebühr von 2,35 € (bzw. 4,21 € nachts) werden pro Kilometer 1,14 € gerechnet (außerhalb der Stadtgrenzen 1,98 €).

Taxiruf
Autolux Tel. +32-2-411 12 21
Taxis Bleus Tel. +32-2-268 00 00
Taxis Orange Tel. +32-2-349 43 43
Taxis Verts Tel. +32-2-349 49 49

Organisierte Touren

GBB: Grand-Place, Tel. +32-2-548 04 48. Individuelle Stadtführungen, auch auf Deutsch.

Brussels City-Tours: Tel. +32-2-513 77 44. Busrundfahrt, tgl. 10 und 14 Uhr (Sa auch 11 Uhr), Abfahrt 8, rue de la Colline, Dauer ca. 3 Std., 27 €.

Visit Brussels / Hop on Hop off: Stadtrundfahrten in verschiedenen Sprachen (Kopfhörer), tgl. 10–16 Uhr (Sa sowie Juli, August bis 17 Uhr) halbstündlich ab Gare Centrale mit Halt an vielen anderen Stellen, 16 €.

ARAU
55, bd. Adolphe Max
Tel. +32-2-19 33 45
www.arau.org
Stadtführungen zu Architektur sowie zu sozialen und ökonomischen Themen in Englisch und Französisch, Reservierung erforderlich.

Busbavard/Babbelbus
12, rue des Thuyas
Tel. +32-2-673 18 35
www.busbavard.be
Geführte Tour zu Fuß oder mit dem Bus zu verschiedenen Themen (Geschichte, Comics, Jugendstil, Marollen, Bier ... in kleinen Gruppen, individuell oder als Gruppe, in der Regel auf Französisch, auf Anfrage auch Englisch und Deutsch,

La Fonderie
27, rue Ransfort
Tel. +32-2-410 99 50
Rundfahrten zu den unterschiedlichsten Themen, in der Regel auf Niederländisch und Französisch.

Pro Velo
15, rue de Londres
Tel. +32-2-502 73 55
www.provelo.org
Fahrradtouren durch die Stadt zu verschiedenen Themen (Architektur, Comics, Freimaurer, afrikanisches Brüssel, Forêt de Soignes), jeweils Sa und So nachmittags, Programm beim Maison des cyclistes (s. o.) oder im Internet. Fahrradverleih.

Arcadia
120, rue de l'hôtel des Monnaies
Tel. +32-2-537 67 77
Geführte Rundgänge zu kunsthistorischen Themen.

Brussels by water
2 bis, quai des Péniches
Tel. +32-2-203 64 06
www.rivertours.be
Bootsrundfahrten in und außerhalb der Stadt.

Zu Gast i

Übernachten in netten Stadthotels oder zum Sonderpreis im Luxushotel, Schlemmen in originellen Restaurants, gemütlichen Traditionslokalen oder an den weltbesten Frittenbuden, Stöbern auf Flohmärkten und in Trödelläden, beste Jazzmusik, heiße Salsarhythmen oder exzellente Klassik hören, Sehenswürdigkeiten zwischen Gotik und Jugendstil besichtigen – dieser Reiseführer gibt Tipps und

n Brüssel

Adressen, die Ihren Aufenthalt in Europas Hauptstadt zu einem Erlebnis werden lassen. Der große, herausnehmbare Stadtplan und die Koordinatenangaben bei allen Adressen helfen bei der Orientierung. Die Highlights der Stadt sind im Text und auf der Karte besonders hervorgehoben. Und wer einen ganz neuen Zugang zu Brüssel sucht, dem seien die fünf Tourenvorschläge ans Herz gelegt.

Übernachten

Am ›schönsten Platz der Welt‹: die Auberge St-Michel

Hotels und Pensionen

Als Stadt mit unzähligen internationalen Einrichtungen verfügt Brüssel auch über viele Hotels und Pensionen. Dabei gibt es überproportional viele hochpreisige Hotels – immerhin werden die meisten von Spesenkonten bezahlt. Der Standard der günstigeren Hotels ist eher niedriger als in Deutschland, allerding werden die alten, typisch Brüsseler Hotels mit ihrem verblichenen Charme und dem Sammelsurium von Möbeln und Nippes in den Zimmern zugunsten der standardisierten Kettenhotels immer weniger.

Die Hotels im Zentrum liegen durchwegs nicht ruhig, es empfiehlt sich daher, ein Zimmer nach hinten zu reservieren und in Kauf zu nehmen, dass man dann nur auf einen öden Innenhof, evtl. mit Lüftungsgeräuschen hinausblickt.

Preiskategorien

Brüsseler Hotels werden mit bis zu fünf Sternen klassifiziert. Fünf- und Vier-Sterne-Hotels entsprechen höchsten Ansprüchen in bezug auf Ausstattung und Service. Drei-Sterne-Häuser gehören häufig zu internationalen Hotelketten mit guter Standard-Ausstattung. Die Zwei-Sterne-Hotels sind oft etwas älter und manchmal ziemlich verwohnt, die Bäder sind nachträglich eingebaut und manchmal recht klein. In Hotels mit nur einem Stern haben nicht alle Zimmer Bad oder Dusche.

Die in diesem Reiseführer angegebenen Preise verstehen sich pro Zimmer. Einzelzimmer gibt es in den günstigeren Kategorien selten, die Preise unterscheiden sich nur geringfügig von denen des Doppelzimmers. Nicht alle Preise beinhalten auch Frühstück, dies gilt vor allem für die Hotels der oberen Preisklassen. Nur diese halten dagegen Parkmöglichkeiten bereit. Bezahlt werden kann in der Regel mit Kredit- oder Maestrokarte.

Hotelreservierung

Ein Hotelverzeichnis erhält man kostenlos beim Belgischen Verkehrsamt. Informationen über Hotels bekommt man auch über verschiedene Internetseiten, zum Beispiel
www.brussels-online.be
www.hotels-belgium.com/brusselcenter
www.hotellerie.be
Einige Hotels bieten günstigere Tarife, wenn man über Internet bucht.
Eine Hotelreservierung kann man auch direkt bei den beiden Verkehrsbüros in Brüssel vornehmen (s. S. 22) oder online über die Reservierungsseite von Brüssel International:
www.brures.com

Günstige Hotels

Auch für ein günstiges Hotel muss man in Brüssel schon um die 70 € pro Doppelzimmer rechnen. Die Zimmer sind oft in einem typisch belgischen Stilmix eingerichtet, Dusche und WC zwar vorhanden, aber eher einfach.

Aristote (D 5)

7, avenue Stalingrad
Tel. +32-2-513 13 10,
Fax +32-2-513 80 70
www.aristote-hotel.be
Métro: Anneessens
EZ 45–72 €, DZ 55–94 €
Das Aristote ist eines der vielen kleinen Hotels, die in Häusern aus vorletzten Jahrhundertwende untergebracht sind und in den letzten Jahren renoviert wurden. Nun sind die 25 Zimmer schlicht, aber ordentlich, die Lage ist ruhiger als mitten im Zentrum, das nur ein paar Minuten zu Fuß entfernt ist.

Chantecler (D 4)

26, rue de la Grande Ile
Tel. +32-2-512 11 51
Fax +32-2-514 71 49
info@hotel-chantecler.be
www.hotel-chantecler.be
Métro: Bourse
14 Zimmer, EZ ab 68 €, DZ ab 78 €
(mit 2 separaten Betten 90 €)
Mitten im Viertel um die place St-Géry, aber doch vergleichsweise ruhig liegt dieses kleine Hotel. Die Zimmer sind nicht besonders groß, aber nett eingerichtet. Ein einfaches Frühstück ist im Preis inbegriffen.

Derby (M 6)

24, avenue de Tervuren
Tel. +32-2-733 08 19
Fax +32-2-733 74 75
hotel.derby@belgacom.net
www.hotel-derby.be
Métro: Mérode
27 Zimmer, EZ 52–55 €, DZ 65–70 €
(mit Frühstück)
In der Nähe der Europäischen Institutionen und des Jubelparks liegt dieses hübsche Hotel. Die Zimmer sind sehr einfach, aber alle mit Bad und WC.

Galia (D 6)

15–16, place du Jeu de Balle
Tel. +32-2-502 42 43
Fax +32-2-502 76 19
hotelgalia@hotelgalia.com
www.hotelgalia.com
Métro: Porte de Hal
Bus 48 bis Jeu de Balle
EZ 57–75 €, DZ 67–75 €
Altes Hotel direkt neben dem Flohmarkt. Die 24 ziemlich kleinen Zimmer sind eher spartanisch eingerichtet. Leise ist es nicht, aber Flohmarkt-Liebhaber können schon früh am Morgen ihre Schnäppchen suchen. Liebhaber von André Franquin, dem Comiczeichner und Erfinder des Marsupilami, können sich nicht nur im Frühstückszimmer, sondern an einer ganzen Häuserwand an Zeichnungen des Künstlers erfreuen.

George V (C/D 4)

23, rue t'Kint
Tel. +32-2-513 50 93

Preisniveau

Günstig	EZ 45–75 € DZ 50–90 €
Mittel	EZ 70–100 € DZ 80–120 €
Gehoben	EZ 100–180 € DZ 120–250 €
Teuer	EZ über 180 € DZ über 250 €

Wochenendpreise auf Anfrage

Kettenhotels

Wer schnell und unkompliziert ein Zimmer reservieren und bezüglich des Standards auf Nummer Sicher gehen möchte, kann sich in einem der folgenden Kettenhotels einmieten:
www.hotelformule1.com (36 €)
www.etaphotel.com (50–55 €)
www.ibishotel.com (ab 60 €)
www.novotel.com (ab 80 €)
www.holiday-inn.com (ab 75 €)

Fax +32-2-513 44 93
www.george5.com
Métro: Ste-Cathérine
16 Zimmer, EZ 64, DZ 75 € (mit Frühstück), auch 3- und 4-Bettzimmer.
Das schöne alte Haus wurde erst vor einigen Jahren renoviert, die schlichten Zimmer sind sauber und ruhig. Nicht ganz zentral hinter dem Fischmarkt gelegen, aber gut zu erreichen.

A la Grande Cloche (D 5)

10–12, place Rouppe
Tel. +32-2-512 61 40
Fax +32-2-512 65 91
www.hotelgrandecloche.com
Métro: Anneessens
DZ ohne Bad 67 €, mit Bad 79–90 €
Einfaches, freundliches Hotel mit 37 Zimmern, nicht alle mit eigenem Bad/WC. Das alte Haus an der quadratischen Place Rouppe wurde in den letzten Jahren renoviert und ist jetzt wieder eine sehr angenehme und günstige Bleibe.

Noga (E 3)

38, rue du Béguinage
Tel. +32-2-218 67 63
Fax +32-2-218 16 03
www.nogahotel.com
Métro: Ste-Cathérine
EZ 65–85, DZ 80–100 €
Kleines plüschiges Hotel mit 19 Zimmern zwischen Fischmarkt und Beginenkirche, sehr freundlicher Service. Die Zimmer sind mit teils hübschen, teils etwas skurrilen Einzelstücken ausgestattet, große Spiegel und vornehme Kamineinfassungen künden von glanzvolleren Zeiten. Im Frühstücksraum sieht manchmal die majestätische Hauskatze nach dem Rechten. Auch Drei- und Vierbettzimmer; Fahrradverleih, Internetzugang.

La Potinière (D 4)

29–32, place St-Géry
Tel. +32-2-511 01 25
Fax +32-2-511 94 35
Métro: Bourse
DZ 50–60 €
Sehr einfaches Backpackerhotel direkt an der Place St-Géry. Auch Drei- und Vierbettzimmer.

Résidence Rembrandt (F 7)

42, rue de la Concorde
Tel. +32-2-512 71 39
Fax +32-2-511 71 36
www.hotel-rembrandt.be
Métro: Louise
EZ 45–65 €, DZ 70–90 €
Hübsches, familiär geführtes kleines Haus mit nur 12 Zimmern nahe der Avenue Louise, aber ruhig gelegen. Die Betten sind etwas schmal und kurz. Nicht alle Zimmer haben ein eigenes WC.

Windsor (D 5)

13, place Rouppe
Tel. +32-2-511 20 14
Fax +32-2-514 09 42
www.hotel-windsor.com
Métro: Anneessens
EZ 55–75 €, DZ 65–80 €
Einfache, zweckmäßige Zimmer mit

Frühstück, das Hotel überzeugt weniger durch seinen Charme als durch Lage und Preis.

Mittelklassehotels

Auberge St-Michel (E 4)

15, Grand-Place
Tel. +32-2-511 09 56
Fax +32-2-511 46 00
Métro: Bourse
DZ 99 (nach hinten)–145 € (Blick auf die Grand-Place)
Einfach, aber in sensationeller Lage: direkt in der Maison des Ducs de Brabants, dem prächtigen Haus, das die ganze Ostseite der Grand-Place einnimmt. Die Zimmer nach vorne haben nicht nur die privilegierte Aussicht, sondern sind auch etwas größer und schöner als die Zimmer nach hinten.

Floris Louise (F 7)

59–61, rue de la Concorde
Tel. +32-2-515 00 60
Fax +32-2-503 35 19
florislouise@busmail.net
Métro: Louise
EZ 85–205 €, DZ 90–215 €
In einer Seitenstraße der Avenue Louise liegt dieses hübsche Hotel, ein guter Ausgangspunkt für einen Shopping- oder Kneipenbummel durch Ixelles und St-Gilles. Die Ausstattung ist gediegen, das Frühstücksbüffet im Preis enthalten, Wochenendangebote möglich.

Ibis Brussels Off Grand-Place (F 4)

100, rue du Marché aux Herbes
Tel. +32-2-514 40 40
Fax +32-2-514 50 67
www.ibishotel.com
Métro: Gare Centrale
79–160 €, Weekend-Preise
Kettenhotel nahe der Grand-Place, 184 identische Zimmer, ohne besonderes Flair, aber eine angenehme, unaufwändige Übernachtungsmöglichkeit.

La Légende (E 4)

35, rue du Lombard
Tel. +32-2-512 82 90
Fax +32-2-512 34 93
www.hotellalegende.com
Métro: Bourse
EZ 70–110 €, DZ 80–120 €
Die 26 Zimmer werden nach 1. und 2. Klasse unterschieden, letztere sind ziemlich klein. Angenehm: Holzfußböden ohne Teppiche. Funktional eingerichtet, aber alles vorhanden, was man für ein paar Nächte braucht. Das Frühstück wird im hübschen Innenhof serviert. Auch Drei- und Vierbettzimmer.

La Madeleine (E 4)

22, rue de la Montagne
Tel. +32-2-513 29 73
Fax +32-2-502 13 50
info@hotel-la-madeleine.be
www.hotel-la-madeleine.be
Métro: Gare Centrale
EZ 99–128 €, DZ 110–133 €, Zimmer ohne WC 52–75 €, Weekend-Preise
Kleines Haus direkt neben der Grand-Place, die Lage bedingt den, gemessen am Komfort, relativ hohen Preis. Die 52 Zimmer sind teilweise etwas verwohnt, nicht alle haben ein eigenes Bad/WC.

Mozart (E 4)

23, rue Marché aux Fromages
Tel. +32-2-502 66 61
Fax 32-2-502 77 58
www.hotel-mozart.be
Métro: Bourse
EZ 75 €, DZ 95 €
In der rummeligsten Straße der Innenstadt hat belgische Dekorationslust ein passendes Objekt gefunden: Rosa ist

die vorherrschende Farbe, Schnörkel und Ornamente auf fast allen Gegenständen. Die 47 Zimmer sind eher klein, aber fantasievoll in schräge und schmale Räume eingebaut. Auch Drei- und Vierbettzimmer.

Opéra (E 3)

53, rue Grétry
Tel. +32-2-19 43 43
Fax +32-2-219 17 20
reception@hotel-opera.be
www.hotel-opera.be
Métro: Bourse
49 Zi, EZ 75–85 €, DZ 95 €
Einfaches Hotel im Zentrum, schon etwas verwohnt und eher laut, aber dafür mitten im Zentrum des Nachtlebens. Auch Drei- und Vierbettzimmer.

Comfort Art Hotel Siru (F 2)

1, place Rogier
Tel. +32-2-203 35 80
Fax +32-2-2 03 33 03
www.comforthotelsiru.com
Metro: Rogier
EZ 75 €, DZ 68–250 €
Das charmante ›Art-Hotel‹ an der Place Rogier wird von den riesigen Glaspalästen der Kettenhotels schier in die Ecke gedrängt, doch nachts erstrahlt die kleine Kuppel unübersehbar in einer farbenfrohen Lichtinstallation. Jedes der 101 Zimmer wurde von einem anderen Künstler ausgestaltet. Die günstigeren Zimmer liegen weiter unten, Preis, Größe und Ausstattung der Zimmers steigen mit der Stockwerkshöhe.

Ustel (C 5)

6, square de l'Aviation
Tel. +32-2-520 60 53
Fax +32-2-520 33 28
www.brusselshotelustel.com
Métro: Midi, Lemonnier
114 Zimmer, 80–110 €, Weekend-Preise
Nähe Gare du Midi; ein eher unpersönliches Haus mit ruhigen, kleinen, modern ausgestatteten Zimmern. Im Haus das Restaurant Grand Ecluse mit einem der raren Blicke auf die Senne.

Welcome Hotel (E 3)

5, rue du Peuplier
Tel. +32-2-219 95 46
Fax +32-2-217 18 87
www.hotelwelcome.com
Métro: Ste-Cathérine
EZ 85 €, DZ 95 €
Das Hotel rühmte sich jahrelang, das ›kleinste Hotel der Stadt‹ zu sein. Bemerkenswert ist es aber wegen der 16 Zimmer, die in unterschiedlichen Stilen eingerichtet sind und die jeweilige Kultur widerspiegeln: Kenia mit Zebrafell, Marokko mit bunten Lämpchen, Kongo mit einem Moskitonetz über dem Bett, Bali, Marrakech, Japan, Tibet, Thailand... Auch Drei- und Vierbettzimmer.

Gehobener Komfort

Le Dôme I (F 2)

12–13, bd. du Jardin botanique
Tel. +32-2-218 06 80
Fax +32-2-218 41 12
www.hotel-le-dome.be
Métro: Rogier
133 Zimmer,
DZ 98–225 €
Direkt an der Place Rogier. Die Reminiszenz an den Art-déco-Vorgänger ist unübersehbar, große Zimmer, nette Kneipe für einen gemütlichen Absacker.

Vendôme (F 2)

98, bd. A. Max
Tel. +32-2-227 03 00
Fax +32-2-218 06 83
www.hotel-vendome.be

Café-Terrasse des Hotel Métropole

Métro: Brouckère, Rogier
106 Zimmer, EZ ab 168 €, DZ ab 188 €, mit Frühstück, am Wochenende deutlich billiger.
Großes, traditionsbewusstes Hotel zwischen Zentrum und Nordbahnhof. Bar und Brasserie, Parkmöglichkeit.

Luxushotels

Amigo (E 4)

1–3, rue de l'Amigo
Tel. +32-2-547 47 47
Fax +32-2-513 52 77
www.hotelamigo.com
Métro: Bourse
EZ 550–640 €, DZ 580–670 €, Weekendpreise, Parkhaus.
Direkt hinter dem Rathaus liegt dieses elegante Fünf-Sterne-Haus, das zu den »Leading Hotels of The World« gehört und in dem bevorzugt Staatsmänner und -frauen aus aller Welt absteigen. Die 174 Zimmer haben alle vorstellbaren Annehmlichkeiten, es gibt eine Bar und eine Brasserie sowie ein Fitness-Center. Am Wochenende ein ausnahmsweise erschwinglicher Luxus.

Wochenendpreise

Da die gehobenen und Luxushotels vornehmlich während der Woche belegt sind, können sie für Wochenenden, in den Sommermonaten oder um die Weihnachtszeit günstige Angebote, teilweise inklusive Abendessen, Stadtrundfahrt und Touristenpass, machen. Das Belgische Verkehrsamt hält einen ausführlichen Prospekt bereit, in dem alle Hotels aufgeführt sind, die Weekend-Preise anbieten, es lohnt sich aber auch, in anderen als den aufgeführten Betrieben danach zu fragen.

Conrad Brussels (F 7)

71, av. Louise
Tel. +32-2-542 42 42
Fax +32-2-542 42 00
www.conradhotels.com
Métro: Louise
EZ ab 600 €, DZ ab 700 €,
Weekend-Preise
Höchst luxuriöses, modernes Haus, das an die Tradition der Grandhotels des 19. Jh. anknüpft. Wer in diesem riesigen Hotel in Ixelles eincheckt, braucht eigentlich gar nicht mehr vor die Tür zu gehen, es ist alles da: ungewöhnlich große Zimmer, Café, Bar, Restaurant, Zugang zum renommierten Champneys Fitness Club, Parkhaus.

Le Dix-Septième (E/F 4)

25, rue de la Madeleine
Tel. +32-2-517 17 17, Fax 5 02 64 24,
www.ledixseptieme.be
Métro: Gare Centrale
EZ 180 €, DZ 200 €, Weekend-Preise.
Luxuriöses kleines Stadthotel (nur 24 Zimmer) im Stil des 17. Jh. mit schöner Einrichtung. Einige Zimmer haben Kamin, die meisten gehen in einen Innenhof und sind daher trotz der absolut zentralen Lage recht ruhig.

Métropole (E 3)

31, place de Brouckère
Tel. +32-2-217 23 00
Fax +32-2-218 02 20
www.metropolehotel.com
Métro: Brouckère
EZ ab 330 €, DZ ab 360 €,
Weekend-Preise.
Hier kann man in Pracht und Prunk der Gründerzeit schwelgen. Eines der berühmten Hotels des 19. Jh. originalgetreu erhalten, 305 luxuriöse Zimmer mit riesigen Betten; Rezeption, Café und Bar sind allein schon einen Besuch wert. Zum Hotel gehören eine klassische Bar mit Piano, ein wunderbares Café (s. S. 62) sowie das Edelrestaurant L'Alban Chambon (dreigängiges Lunchmenü ab 39 €).

Jugendherbergen & -hotels

Hotel de Jeunes Sleep Well (F 2)

23, rue du Damier
1000 Bruxelles
Tel. +32-2-218 50 50
Fax +32-2-218 13 13
www.sleepwell.be
Métro: Rogier
170 Betten, EZ 28 €, DZ 50 €,
im 8-Bett-Zimmer 17 €
Zentral gelegene Unterkunft mit Restaurant, 24 Std. geöffnet, besondere Angebote für Gruppen. Die Zimmerpreise verstehen sich mit Frühstück und Bettwäsche, aber ohne Dusche und WC, Zimmer mit Bad (Pullman-Klasse) sind für einen vergleichsweise geringen Aufpreis erhältlich.

Centre Vincent van Gogh (H 2)
8, rue Traversiére
1210 Bruxelles
Tel. +32-2-217 01 58
Fax +32-2-219 79 95
www.ping.be/chab
Métro: Botanique
Moderne Jugendunterkunft mit 210 Betten in Schaarbeek, Einzelzimmer möglich, Restaurant, Gepäckaufbewahrung, Internetcafé, 24 Std. zugänglich.

Génération Europe (B/C 2/3)
4, rue de l' Eléphant
1080 Bruxelles
Tel +32-2-410 38 58
Fax +32-2-410 39 05
www.laj.be
164 Betten, 15–30 €
Doppel und Mehrbettzimmer, alle mit Dusche/WC, Restaurant, Bar, 24 Std. zugänglich.

Jugendherberge Bruegel (E 5)
2, rue Saint-Esprit
Tel. +32-2-511 04 36
Fax +32-2-512 07 11
www.jeugdherbergen.be
135 Betten, 18–30 €
Einzelzimmer möglich, Gepäck- und Fahrradaufbewahrung, Restaurant, Bar, 24 Std. zugänglich.

Jacques Brel (G 3)
30, rue de la Sablonniére
Tel. +32-2-218 01 87
Fax +32-2-217 20 05
www.laj.be
15–30 €
Einzel- und Mehrbettzimmer mit Dusche (gesamt 173 Betten), Cafeteria, Gepäckaufbewahrung, Fahrradstellplatz, Gratiskonzerte, 24 Std. zugänglich.

Bed & Breakfast

Bed & Brussels
Tel. +32-2-646 07 37
Fax +32-2-644 01 14
www.bnb-brussels.be
Einfaches DZ pro Nacht ab 52 €
Vermittlung von Unterkünften in Privathaushalten, die Zimmer werden in drei Kategorien eingeteilt: 1. Kategorie: ohne eigenes Bad, 2. Kategorie: mit eigenem Bad, 3. Kategorie: besonders luxuriös. Die Preise bemessen sich je nach Aufenthaltsdauer, je länger man bleibt, desto günstiger wird es.

Taxistop Bed & Breakfast
Tel. +32-(0)10 222 292
Fax +32-2-223 22 32
www.taxistop.be
Taxistop vermittelt Mitfahrgelegenheiten, Last Minute Flüge, Überfahrten nach England und eben auch Bed and Breakfast. Die Website (nur Niederländisch) zeigt unter »Bed&Breakfast« alle aktuellen Angebote, teilweise auch mit Foto. Preise und Ausstattung der Zimmer schwankt je nach Lage, gebucht wird direkt beim Anbieter.

Camping

Europa Brussel »A ciel ouvert«
203, Chaussée de Wavre
Tel. +32-2-640 79 67
Fax +32-2-646 85 91
Bus 34, 80, 95, 96
nur Juli und August.
Auf diesem Campingplatz in der Nähe der europäischen Institutionen sind nur Zelte erlaubt. Einfache Sanitäranlagen.

Essen & Trinken

Die rue des Bouchers: ein Paradies für Fischliebhaber

Essen gehen

Längst ist es kein Geheimtipp mehr: In Brüssel isst man exzellent. Die Anzahl der Restaurants ist schier unübersehbar, und zum Essen auszugehen ist nicht nur für ›Eurokraten‹ eines der beliebtesten Abendvergnügen. Nun ist die belgische Küche ohnehin eine glückliche Ehe zwischen flämisch-niederländischer Deftigkeit und französischer Raffinesse. Und in Brüssel kommen noch zahlreiche – prominente und weniger bekannte – Restaurants hinzu, die eine hochambitionierte Küche pflegen, weiterhin Lokale mit Spezialitäten aus aller Welt.

In den meisten Restaurants entspricht die Menüfolge dem französischen Vorbild: Als *entrée / voorgerecht* wählt man Kroketten mit Käse oder Garnelen, eine Pastete oder eine kleine Quiche, einen Salat oder auch gern eine Suppe. *Plat principal / hoofdgerecht* ist Fleisch oder Fisch, häufiger als anderswo mit Fritten als Beilage. Das *dessert / naagerecht* ist oft nicht weniger üppig: Eis, Kuchen oder eine Creme.

Wenn sie nicht gerade eine geschäftliche Gelegenheit absolvieren, bevorzugen die meisten Brüssler ebenso wie die Touristen zu Mittag eine Kleinigkeit, ein Sandwich, ein kleines Pastagericht, eine Suppe. Cafés servieren diese Kleinigkeiten, meist hausgemacht, schon immer, hinzu kommen vor allem im Zentrum und im Europaviertel, unzählige Sandwichbars, wo es *broodjes* mit einer Vielzahl fantasievoller Beläge und Saucen gibt. Eine sehr typische und – wie man sich erzählt – sogar vom König und den Regierungsmitgliedern genutzte Möglichkeit ist die *fritkot*, wo man sich eine Tüte hausgemachter knuspriger Pommes frites mit Sauce und einem Fleischspießchen oder einer *frikandel* kauft und sie an Ort und Stelle verspeist.

Im Restaurant ist es üblich, sich einen Tisch zuweisen zu lassen und nicht einfach den nächstbesten Tisch zu okkupieren. Der Ober bzw. die Kellnerin werden keinesfalls mit »Hallo!«, sondern mit *Monsieur* oder *Madame* angesprochen.

In vielen Restaurants der gehobenen Preisklasse werden Menüs nur für die ganze Tischgesellschaft serviert. Generell ist es üblich, nach dem Essen eine gemeinsame Rechnung zu verlangen und nicht getrennt zu bezahlen.

Preisniveau

Das Essen im Restaurant ist nicht billig, mit 15–20 € für ein Hauptgericht sollte man schon rechnen, mit Vorspeise, Dessert und Getränken kommt ein ganz normales Abendessen leicht auf 50 €. Sehr viel günstiger sind Lunchmenüs zu

Mittag, die man sich auch in Restaurants der Luxusklasse einmal leisten kann.

Einige Restaurants bieten ein Menü »*tout compris*« an, bei dem zu jedem Gang der passende Wein gereicht wird. Im Preis sind dann meist auch der Aperitiv und der Mokka zum Abschluss enthalten.

In den Restaurants der gehobenen Klasse ist in der Regel Jackett und Krawatte bzw. eine entsprechende Bekleidung bei Damen erwünscht.

Reservierung

Da die beliebtesten Restaurants auch unter der Woche gut besucht sind, empfiehlt es sich immer, einen Tisch zu reservieren (*Je voudrais réserver une table pour … personnes…*). Fast alle Restaurants sind am Sonntag abend, viele auch am Montag geschlossen, einige auch an Donnerstagen, auf die ein Feiertag fällt.

Restaurants im Internet

www.resto.be
www.brusselsinternational.be/wabxlint/visitor/eat/resto.jsp
www.la-carte.net
www.ebru.be

Restaurants

L'Achepot (D 3)

1, place Ste-Cathérine
Tel. +32-2-5 11 62 21
So geschlossen
Métro: Ste-Cathérine
Hauptgerichte 15–20 €
Kleines Bistro mit freundlicher Bedienung und täglich wechselnder Karte. Herzhafte Gerichte wie Lammfilets, Nierchen in Senfsoße, auch Pastagerichte.

10 Dinge, die Sie probieren sollten

Moules-frites: Frische Miesmuscheln im Weinsud, dazu knusprige Pommes frites: am besten im »Chez Léon«.
Caricoles / karikollen: Seeschnecken (mit Häuschen!) in einer gut gepfefferten Brühe. Nur *à la charrette*, am Straßenstand, erhältlich.
Gueuze et tartine: Am besten im *estaminet:* ein erfrischendes Bier, dazu eine Schnitte Brot mit *fromage blanc,* Quark.
Croquettes de crevettes: Außen knusprig, innen cremig– Krabbenkroketten sind nicht nur eine beliebte Vorspeise, sondern auch ein feiner Snack.
Pain à la Grècque: das knusprige, dick mit Hagelzucker bestreute Gewürzgebäck kommt nicht etwa aus Griechenland, sondern bedeutet »Grachtenbrot«. Spezialist dafür ist die Bäckerei Dandoy.
Gaufres / wafels: Knusprig, süß, ganz heiß vom Straßenstand, mit Puderzucker bestäubt, in der ›Pfirsichstellung‹, mit weit vorgebeugtem Oberkörper zu essen.
Pralinen: Einmal nicht das Standardsortiment, sondern die Luxusausführung von Wittamer oder Marcolini.
Half en half: Der Brüsseler Apéritif aus Weißwein und Sekt ist etwas in Vergessenheit geraten, im Falstaff bekommt man ihn noch zu jeder Tageszeit.
Kanibaal: Keine Angst, dieser typische Snack ist nichts weiter als eine Scheibe Brot mit gewürztem Tatar.
Kriek: Das Bier mit Kirschen schmeckt wie Limonade.

Kulinarisches Lexikon

abricot	Aprikose
agneau	Lamm
ail	Knoblauch
anguille	Aal
artichaut	Artischocke
asperges	Spargel
bœuf	Rind
boisson	Getränk
cabillaud	Kabeljau
calamares	Tintenfische
canard	Ente
carottes	Möhren
carpe	Karpfen
cèpes	Steinpilze
cerf	Hirsch
cerise	Kirsche
cervelle	Hirn
champignons	Pilze
chevreuil	Reh
chocolat	Schokolade
chou	Kohl
chou-fleur	Blumenkohl
citron	Zitrone
concombre	Gurke
coquillages	Muscheln
courge	Kürbis
courgette	Zucchini
crabes	Krabben
crème	Sahne
crevettes	Garnelen
crudités	Rohkost
crustacés	Schalentiere
daube	Schmorbraten
daurade	Goldbrasse
dessert	Nachtisch
dinde	Pute
écrevisses	Krebse
entrecôte	Rumpsteak
épices	Gewürze
épinards	Spinat
escalope	Schnitzel
escargots	Schnecken
espadon	Schwertfisch
faisan	Fasan
fenouil	Fenchel
figue	Feige
fraise	Erdbeere
framboise	Himbeere
fromage	Käse
fromage blanc	Quark
fruits	Obst
fruits de mer	Meeresfrüchte
gâteau	Kuchen
gibier	Wild
gigot	Keule
girolles	Pfifferlinge
glace	Eis
hareng	Hering
haricots	Bohnen
haricots verts	grüne Bohnen
herbes	Kräuter
homard	Hummer
huîtres	Austern
jambon	Schinken
jarret	Haxe
langouste	Languste
lapin	Kaninchen
légume	Gemüse
lentilles	Linsen
lièvre	Hase
lotte	Seeteufel, Lotte
loup de mer	Seewolf, Wolfsbarsch
maquereau	Makrele
melon	Melone
miel	Honig
morue	Stockfisch
moules	Miesmuscheln
mouton	Hammel
myrtille	Blaubeere
navets	Rübchen
noisettes	Haselnüsse
noix	Walnüsse
œufs	Eier
oie	Gans
oignon	Zwiebel
pain	Brot
pastèque	Wassermelone
pâté	Pastete
pâtes	Nudeln

pêche	Pfirsich
perdrix	Rebhuhn
petits pois	Erbsen
poire	Birne
poireaux	Porree, Lauch
poisson	Fisch
poivron	Paprika
pomme	Apfel
pommes de terre	Kartoffeln
porc	Schwein
poulet/poule	Hahn/Huhn
prune	Pflaume
raie	Rochen
riz	Reis
saint-pierre	Petersfisch
salade	Salat
sandre	Zander
sanglier	Wildschwein
saucisse	Wurst
saumon	Lachs
sole	Seezunge
tarte	Kuchen
thon	Thunfisch
truite	Forelle
tripes	Kutteln
veau	Kalb
viande	Fleisch
volaille	Geflügel

Spezialitäten auf der Speisekarte

ailes de raie / rogvleugels Rochenflügel
andouillette Kuttelwurst
anguille en vert / paling in 't groen Aalstücke in grüner Kräutersauce
boudin noir / beuling Blutwurst
boudin blanc Wurst aus Geflügel- und Schweinefleisch
carbonades flamandes / Vlaamse Karbonaden Ragout aus Schweinefleisch in einer Soße aus dunklem Bier
chicons / witloof au gratin überbackener Chicoree
choucroute garnie Sauerkrautplatte mit Speck, Fleisch und Würstchen
choesels Ragout aus Nieren, Kalbsbries und Champignons
coq à la brabançonne Hühnchen in Burgunder geschmort
croquettes de crevettes / garnaalkroketten Kroketten, gefüllt mit Krabben in einer dicken Bechamelsoße
fazant op z'n Brabants Fasan auf Brabanter Art, geschmorter Fasan mit Chicorée
filet américain angemachtes Tatar
fondue au fromage / kaaskroketten Käsekroketten
gaufres de Bruxelles frisch gebackene Waffeln
lapin à la kriek Kaninchen mit Kirschen und Kirschbier
lapin à la tournaisienne Kaninchen mit Backpflaumen
Mechelse Koekoek »Mechelner Kuckuck«, geschmortes Hühnchen mit Spargel
salade liégeoise Salat aus Kartoffeln, grünen Bohnen und Speck
sole ostendaise / zeetong op z'n Oostendes stoemp Seezunge mit Krabben und Miesmuscheln in Sahnesoße
stoemp Gericht aus gestampften Kartoffeln und Gemüsen, mit Speck
waterzooi »Wassersuppe«, dicke Gemüse-Hühnersuppe mit viel Sahne, auch als Fischsuppe erhältlich

Belga Queen (E 3)
32, rue Fossé-aux-Loups
Tel. +32-2-217 21 87
tgl. 12–14.30, 19–24 Uhr
Métro: Bourse
Hauptgerichte 20–30 €, Lunchmenü 15 €.
In der Schalterhalle der ehemaligen Handelsbank ist Brüssels derzeit angesagtestes Restaurant entstanden: Cooles Design mit Stahl, Leder und hellem Holz. Unter der Glaskuppel speist man Fisch, Austern und Hummer oder klassische belgische Küche, raffiniert abgewandelt (*Mechelse koekoek* mit Pfefferkuchen und Pfirsichen). Im Foyer bedient eine Austernbar eilige Lunch-Hopper. Von sich reden machten die Toiletten mit den durchsichtigen Türen: erst mit dem richtigen Dreh werden sie blickdicht.

La Belle Maraichère (D 3)
11, place Ste-Cathérine
Tel. +32-2-5 12 97 59
Mi, Do geschlossen
Métro: Ste-Cathérine
Fischgerichte um 27 €
In der Gegend um die Place Ste-Cathérine gibt es viel Wechsel, andere Lokale gibt es schon seit Jahrzehnten: Die Brüder Devreker führen ein bis in die Details traditionelles Restaurant und verbinden hervorragende Qualität ohne viel Chichi mit einem sehr guten Preis-Leistungs-Verhältnis. Empfehlung: die *marmite des pecheurs,* ein köstlicher Fischeintopf.

Les Brigittines (E 5)
5, place de la Chapelle
Tel. +32-2-512 68 91
Bus: 95, 96 bis Grand Sablon
Hier scheint sich seit Jahrzehnten nichts verändert zu haben. Wie eh und je werden in dem schönen Raum im Gründerzeitstil gehaltvolle Gerichte der französisch-belgischen gutbürgerlichen Küche aufgetragen, etwa Kastaniensuppe, pochierte Entenleber in Muscadet oder Kabeljau mit Chicoree und Biersoße. Netter Service, gute Weinkarte (der Wirt importiert selbst).

La Grande Ecluse (C 5)
77, bd. Poincaré
Tel. +32-2-520 60 53
www.lagrandeecluse.be
nur Mo–Fr 12–14.30 Uhr
Métro: Gare du Midi
Businesslunch 14,50 €
Das alte Schleusenhaus, in dessen früherem Maschinenraum ein helles Restaurant eingerichtet wurde, gibt einen raren Blick auf die Senne frei. Im Sommer kann man draußen sitzen. Die Speisekarte zeigt die modische Mischung von belgisch-französischer, mediterraner und asiatischer Küche.

La Manufacture (C/D 3)
12–20, rue Notre-Dame du Sommeil
Tel. +32-2-5 02 25 25
www.manufacture.be
Sa mittags und So geschl.
Métro: Ste-Cathérine
Mittagsmenü 14 € (2 Gänge plus Kaffee); Hauptgerichte ca 25 €
Französisch-asiatisch-leichte Küche in der alten Fabrikhalle des renommierten Herstellers eleganter Handtaschen, Delvaux. Neben Gerichten wie Dorade in Sesamkruste auch kühne Kombinationen wie Kalbsbries auf orientalische Art oder Filet vom Känguru mit Kiwi-Kompott.

Les Petits Oignons (E 5)
13, rue Notre Seigneur (Marollen)
Tel. +32-2-512 47 38
12–14.30, 19–23 Uhr, So geschl.
Bus: 27, 48 bis Chapelle

Lunch (3 Gänge) 18,50 €;
Menü 25 und 44 € (nur jeweils für den ganzen Tisch)
Mittelmeerküche geht mit typisch belgischen Gerichten eine zwanglose Fusion ein: Milchlamm mit Thymian und rosa Knoblauch gibt es hier ebenso wie Flämische Karbonaden und herrliche Schokoladendesserts.

La Quincaillerie (F 9)

45, rue du Page (Ixelles)
Tel. +32-2-533 98 33
www.quincaillerie.be
tgl. 19–24 Uhr,
Mo–Fr auch 12–14.30 Uhr
Métro: Louise
Mittagsmenü 13 €, Hauptgerichte um 22 €
Brasserie in einem historischen Eisenwarenladen mit Industrie-Design, die einstige Ladentheke ist eine Austernbar, eine riesige Uhr der Blickfang. Brasserieküche, viele Gerichte mit Fisch und Schalentieren, beliebt ist die Meeresfrüchteplatte. Effektiver Service, allerdings manchmal ungemütlich schnell.

Vincent (E 3/4)

8–10, rue des Dominicains
Tel. +32-2-511 23 03
www.restaurantvincent.com
tgl. 12–14.45, 18.30–23.30 Uhr
Métro: Bourse, Gare Centrale
Fleischgerichte 15–20 €
In diesem Lokal herrscht kein Zweifel, was die Spezialität des Hauses ist: In der Auslage liegen ganze Rinderfilets, das Kachelbild in der offenen Küche zeigt grasende Kühe. Klassische Beefsteaks, viele flambierte Gerichte.

Viva m'Boma (D 3)

17, rue de Flandre
Tel. +32-2-512 15 93
Mo, Di, Do, Fr, Sa 12–14.30, Do, Fr, Sa 19–22.30 Uhr
Métro: Cathérine
Hauptgerichte um 10 €
Die Vergangenheit als Metzgerei sieht man diesem beliebten Lokal noch deutlich an: Im alten, weiß gekachelten Verkaufsraum werden zur Mittagszeit riesige Sandwiches immer frisch belegt, im Raum dahinter sitzt man an schlichten Tischen und verzehrt Brüssler Hausmannskost wie Fleischbällchen mit Püree, gegrilltes Kalbsherz und allerlei kaum mehr bekannte Spezialitäten.

Traditionelle belgische Küche

Aux Armes de Bruxelles (E 4)

13, rue des Bouchers
Tel. +32-2-511 55 50
tgl. außer Mo 12–23.15 Uhr
Métro: Gare Centrale
Fleischgerichte um 20, Fisch ab 22 €
Eines der ältesten und beliebtesten Restaurants der Stadt, in unterschiedlich gestalteten Räumen isst man gepflegte gutbürgerliche Küche wie Carbonnade de Bœuf à la Gueuze, Entrecôte in verschiedenen Zubereitungen oder klassische Fischgerichte. Ein sicherer Tipp in der ansonsten nicht neppfreien Umgebung.

't Kelderke (E 4)

15, Grand-Place
Tel. +32-2-513 73 44 (keine Reservierung möglich)
Mo–Fr 12–2 Uhr
Métro: Bourse
Hauptgerichte 15–18 €
In dieses Gewölbe aus dem 16. Jh. im Haus der Herzöge von Brabant führen die Brüsseler ihre Besucher und bewirten sie mit Flämischen Karbonaden, Aal grün und Muscheln mit Fritten.

Tafeln mit Tradition in der Brasserie Falstaff

L'Ogenblik (E 4)

1, Galérie des Princes
Tel. +32-2-511 61 51
www.ogenblik.be
Mo–Sa 12–14.30, 19–24 Uhr
Métro: Bourse
Hauptgerichte um 25 €
Das schlichte Ambiente mit Holztischen und Bänken täuscht: Die Küche ist ambitioniert und hervorragend (Rebhuhn mit Preiselbeeren im Weinblatt) – die Preise allerdings auch.

Chez Patrick (E 4)

6, rue des Chapeliers
Tel. +32-2-511 98 15
Métro: Bourse
Eines der ›typischen‹ Lokale (seit 1931), mit vielen Muschelgerichten, *Waterzooi, Carbonnades flamandes.* Allerdings ist es nicht preiswert, ein Essen mit Wein kann auf 50 € kommen.

La Roue d'Or (E 4)

26, rue des Chapeliers
Tel. +32-2-514 25 54
tägl. 12–24 Uhr
Métro: Bourse
Hauptgerichte 14–20 €
Kleines Lokal gleich bei der Grand-Place, mit Magritte-Motiven ausgemalt; gediegene Brasserie-Küche, empfehlenswert: das Sauerkraut.

Scheltema (E 4)

7, rue des Dominicains
Tel. +32-2-512 20 84
www.scheltema.be
So geschlossen

Métro: Bourse
Hauptgerichte 25 €, Hummer 56 €, Menü 34 und 43 €.
Nur zwei Schritte abseits des Trubels der Fressgasse isst man hier traditionelle Gerichte (viel Fisch, Austern, Hummer, Garnelen) auf hohem Niveau, allerdings auch zu stolzen Preisen.

De Skieven Architek (D 6)

50, place du Jeu de Balle (Marollen)
Tel. +32-2-514 43 69
tgl. geöffnet
Bus: 27, 48 bis Jeu de Balle
Hauptgerichte um 10 €
›Schiefer Architekt‹ ist der Schimpfname, den die *Marolliens* für Joseph Poelaert, den Baumeister des Justizpalastes, erfunden haben. Das Lokal direkt beim Flohmarkt ist etwas zu sehr um Originalität und Brüsseler Flair bemüht, doch kann man sich hier vom frühen Frühstück bis zum späten Abendessen *(Stoemp* oder *Hutsepot)* sehr angenehm die Zeit vertreiben.

In't Spinnekopke (D 3/4)

1, place du Jardin aux Fleurs
Tel. +32-2-511 86 95
www.spinnekopke.be
Sa mittag und So geschlossen
Métro: Anneessens
Hauptgerichte 15–22 €
Restaurant in einem kleinen, alten Haus mit winzigen Räumen, auf der in *Bruxellois* geschriebenen Speisekarte stehen Gerichte wie *carbonades au Lambic* oder Perlhuhn in Kriek (Kirschbier).

Au Stekerlapatte (E 7)

4, rue des Prêtres
Tel. +32-2-512 86 81
ww.stekerlapatte.be
19–1 Uhr, Mo geschlossen
Métro: Louise
Hauptgerichte 15–18 €
Die legere Atmosphäre des einstigen Künstler- und Literatentreffs ist noch spürbar, in den verschiedenen ineinander übergehenden kleinen Räumen wird lebhaft geplaudert und getafelt, deftige Gerichte, Spareribs, Steaks.

La Taverne du Passage (E/F 4)

30, Galérie de la Reine
Tel. +32-2-512 37 31
12–24 Uhr, Do Ruhetag
Métro: Bourse, Gare Centrale
Hauptgerichte 16–25 €
Ein Erlebnis für sich: In dem großen Lokal aus den 30er Jahren servieren stets altmodisch-freundliche Kellner in weißen Jacken mit Epauletten! Klassische belgisch-französische Küche wie Nierchen in Wacholdersoße, *Beefsteak au poivre, Andouillette* oder *Waterzooi.*

Au Vieux Bruxelles (G 6)

35, rue St-Boniface (Ixelles)
Tel. +32-2 503 31 11
12–14, 18.30–23 Uhr, So, Mo geschl.
Métro: Porte de Namur
Hauptgerichte 15–17 €
Das beliebte Lokal in wurde bereits 1882 eröffnet, und das sieht man ihm auch an: holzgetäfelte Wände, Rüstungen, Bilder aus dem ›alten Brüssel‹ an den Wänden. Die Gerichte sind klassisch: Kaninchen in Kriek (Kirschbier), Flämische Karbonaden usw.

Het Warm Water (D 6)

23, rue des Renards (Marollen)
Tel. +32-2-513 91 59
www.hetwarmwater.be
Mo, Di, So 8–19, Do, Fr, Sa 8–22 Uhr
Bus: 27, 48 bis Jeu de Balle
Hauptgerichte um 10 €
Vom Frühstück bis zum Schlummertrunk ist man in diesem Café-Restaurant in der Nähe des Flohmarkts gut aufgehoben.

Fisch, Muscheln und Meeresfrüchte

Chez Henri (D 3)

113, rue de Flandre
Tel. +32-2-219 64 15
Mo und Sa mittag geschlossen
Métro: Ste-Cathérine
Hauptgerichte ab 10 €
Feine Leckereien (Kaviar, Hummer, Austern) in kargem Ambiente mit weißen Kacheln und einfachen Tischen, keine Reservierung möglich.

Chez Léon

18, rue des Bouchers
Tel. +32-2-511 14 15
tgl. 12–23 Uhr
Métro: Bourse
Hauptgerichte ab 8 €
Den ganzen Tag, das ganze Jahr Muscheln mit Fritten in allen Variationen, ein guter Ort, um mit Kindern essen zu gehen. Daneben gibt es auch Steaks und Schnitzel, und zum Nachtisch Waffeln in unterschiedlichsten Variationen.

Vismet (D 3)

23, place Ste-Cathérine
Tel. +32-2-218 85 45
So, Mo geschl.
Métro: Ste-Cathérine
Hauptgerichte 18–25 €
Gegen das traditionelle Design der eingesessenen Lokale am Fischmarkt setzt dieses Lokal den minimalistischen Loft-Style der 90er Jahre mit roten Backsteinwänden, freiliegenden Lüftungsrohren und offener Küche. Der Koch denkt sich Kreationen wie Goldbrasse mit Oliven und Tomaten aus, wobei die Karte regelmäßig wechselt.

Highlight 1

Fischrestaurants am Quai aux Briques (D 3)

Bis Mitte des 19. Jh., als durch Brüssel noch die Senne floss, existierte hinter der Kirche Ste-Cathérine ein Hafen, in dem Brennholz, Backsteine und Baumaterial entladen wurde. Auch Fische von der Nordsee wurde hier angelandet und neben der Kirche verkauft. An den Hafen erinnert ein lang gestrecktes Wasserbecken mit lurchköpfigen Wasserspeiern, an den Fischmarkt die lange Reihe von Fischrestaurants, die sich hier aneinander reihen, vom einfachsten Familienbetrieb zum Edelrestaurant mit Hummerspezialitäten. Hier eine Auswahl:
François (Nr. 2; Tel. +32-2-511 60 89, So. Mo geschlossen) serviert Fisch und Hummer auf höchstem Niveau. **Rugbyman** (Nr 4 und 6; Tel. +32-2-5 12 56 44, tgl. 12–14.30, 19–23 Uhr) ist als ›Hummerspezialist‹ berühmt und serviert die ›Demoiselles de Bruxelles‹ auf verschiedene Arten sowie viele andere Gerichte mit Fisch und Meeresfrüchten in klassischer Zubereitung ohne Experimente (Abendmenü mit Hummer 49 €). **Le Vistro** (Nr. 16; Tel. +32-2-512 41 81, Sa mittag, So geschlossen) – das nette Bistro hat viele Muschelspezialitäten im Angebot sowie ein enormes *plateau de fruits de mer*, ein mehrstöckiges Gebilde voller Austern, Muscheln, Seeschnecken und anderem Seegetier (Menü ab 15 €, mit Hummer 29 €). Zu **Jacques** (Nr. 44; Tel. +32-2-5 13 27 62, tgl. außer So 12–14.30, 18.30–22.30 Uhr) gehen die Brüsseler besonders gern, in schlichtem Ambiente werden klassische Fischgerichte, Muscheln, Austern und Scampi geboten. **Bij den Boer** (Nr 60; Tel.

+32-2-512 61 22, Mo–Sa 12–14.30, 18–22.30 Uhr) gehört ebenfalls zur Riege der Alt-Brüssler Bistros mit guter, im wesentlichen bodenständiger Küche, zu empfehlen: Bouillabaisse Mer du Nord (4-Gänge-Menü 25 €).

Die Spitzenreiter

Bruneau (nördlich B 1)

73–75, av. Broustin (Koekelberg)
Tel. +32-2-421 70 70
www.bruneau.be
Di, Mi geschlossen
Métro: Simonis
Menü 95–135 €, Lunch 45–65€
Seit ca. 30 Jahren auf dem Höhenflug, so präsentiert sich das Drei-Sterne-Restaurant des Starkochs Jean-Pierre Bruneau. Zu empfehlen sind stets die Gerichte der Tageskarte, mit denen Bruneaus Kreativität sensationelle Geschmackserlebnisse erreicht.

Comme chez soi (D 5)

23, place Rouppe
Tel. +32-2-5 12 29 21
www.commechezsoi.be
12–13.30, 19–21.30 Uhr, So, Mo geschlossen
Métro: Anneessens
Menü ab 67 €
Das berühmteste Restaurant Belgiens. Der Spitzenkoch Pierre Wynant und sein Schwiegersohn Lionel Rigolet bieten 3-Sterne-Küche in dezentem Jugendstil-Ambiente. Die perfekte Mischung bewährter Spitzenkochkunst mit neuen Kreationen – gegrillte Gänseleber auf Sprossen von Spinat – garantiert ein unvergessliches Erlebnis.

La Maison du Bœuf (F 6)

38, bd. Waterloo (im Hotel Hilton)
Tel. +32-2-504 13 34
www.brussels.hilton.com
Mi–So 10.30–24 Uhr, Mo, Di geschlossen
Métro: Louise
Menü ab 50 €
Snobs würden vielleicht sagen: Der richtige Ort, um einmal ein wirklich perfektes Steak zu essen. Das stimmt, doch auch sonst beweist die Karte dieses Hotel-Restaurants höchste Qualität.

La Maison du Cygne (E 4)

9, Grand-Place
Tel. +32-2-5 11 82 44
www.lamaisonducygne.be
Sa mittag, So geschlossen
Métro: Bourse
Menu gourmand (5 Gänge) 80 €
Legendäres Luxusrestaurant an der Grand-Place; gehobene, der traditionellen Haute Cuisine verpflichtete Küche (Entenbrust und Entenleber in Pfirsichsoße, Filet Rossini), große Weinkarte mit allen berühmten Crescenzen.

Villa Lorraine (südlich G 10)

28, Chaussée de la Hulpe (Uccle)
Tel. +32-2-374 31 63
So geschlossen
Bus 41 bis Reservoir
Business Lunch 55 €, Abendmenü 85–130 €
Spitzenrestaurant mit großer Tradition, Gerichte in klassischer Manier mit Hummer und Kaviar, Trüffel und Gänseleber, im Herbst Wildspezialitäten. Schön sitzt man im Wintergarten, im Sommer wird auch im Garten gedeckt.

Afrikanisch & orientalisch

La Châtelaine du Liban (F 9)

1, place du Châtelain (Ixelles)
Tel. +32-2-534 92 02

Bier im Café

Wer in Brüssel ins Café geht, bekommt dort zwar auch einen Kaffee oder Tee, doch eigentlich ist dies der Ort des Biergenusses, wo sich Jung und Alt auf ein Glas treffen oder mal in Ruhe Zeitung lesen. Man zapft dort mehrere Sorten Bier, serviert belegte Brote, Suppen, Omeletts und häufig auch ein Tagesgericht *(plat du jour / dagschotel)*. *Eetcafés* haben eine umfangreichere Speisekarte, *bruin cafés* oder *estaminets* nennt man die traditionsreichen holzgetäfelten Lokale. Wem der Sinn nach Kaffee und Kuchen steht, der besucht einen *salon de thé*.

Métro: Louise
So geschlossen
Vorspeisen 5–8 €, Hauptgerichte 10–12 €
Dieses kleine libanesische Lokal hält, was die Küche des östlichen Mittelmeers verspricht: eine Fülle kalter und warmer Vorspeisen mit fein aufeinander abgestimmten Aromen.

Gri-Gri (südlich E 10)

16, rue Basse (Uccle)
Tel. +32-2-375 82 02
12–15, 18.30–23 Uhr, Sa mittag und Mo geschlossen
Tram 18 bis Dieweg
Hauptgerichte 15–19 €
Masken und Bambuswände signalisieren: Hier gibt es Spezialitäten aus verschiedenen afrikanischen und karibischen Ländern. Fr und Sa abend Live-Musik.

Kasbah (D 3)

20, rue Antoine Dansaert
Tel. +32-2-502 40 26
tgl. 12–14.30, 19–23 Uhr, Sa mittag geschlossen
Métro: Bourse
Hauptgerichte um 12 €
Marokkanisch essen in einem Traum aus 1001 Nacht! Das Lokal mit den bunten Lämpchen erfreut sich großer Beliebtheit, vor allem wegen der verschiedenen Couscous-Zubereitungen und der reichhaltigen Vorspeisenplatten.

Waka Moon (E 4)

60–62, rue des Eperonniers
Tel. +32-2-502 10 32
12–1 Uhr, Sa mittag, Di Ruhetag
Métro: Bourse
Hauptgerichte um 13 €
Hinter der Jugendstilfassade einer ehemaligen Buchhandlung werden Gerichte aus Senegal, Kamerun und Westindien serviert, auch die Cocktails des Hauses werden sehr gerühmt.

Asiatisch

Chao Chow City (E 4)

89, bd. d'Anspach
Tel. +32-2-512 82 83
Métro: Bourse
Tagesgericht 3,40 € (mittags), 5 € (abends), Buffet 15 €
Sensationell günstiges Lokal gegenüber der Börse. Die verschiedenen Räume sind immer gut gefüllt, zwischen die chinesischen Reisegruppen mischen sich Schüler, Hausfrauen auf Shopping-Tour und Touristen, dazwischen wimmeln freundlich-bemühte Kellnerinnen mit karierten Westen und bringen in atemberaubender Geschwindigkeit hoch gefüllte Teller herbei. Außer den üblichen China-Gerichten der langen Speisekarte gibt es eine Auswahl an gebackenen und gedämpften Dim Sum.

Le Corail Bleu (F 6)
11, rue du Grand Cerf
Tel. +32-2-511 84 12
Mo–Sa 12–15, 18.30–22.30 Uhr
Hauptgerichte 11–15 €, Mittagsbuffet 11.50 €, Abendbuffet 22.80 €
Métro: Louise
Rar auch in Brüssel: ein chinesisches Restaurant mit original chinesischer Küche – der Koch mariniert die Enten selbst und hängt sie zum Trocknen vor die Tür! Im wesentlichen ist die Küche kantonesisch geprägt. Spezialität: Dim Sum und Entengerichte (Original Pekingente 15 €).

Da-Kao
19, rue van Artevelde
Tel. +32-2-512 67 16
tgl. 12–15, 18–24 Uhr
Métro: Bourse
Hauptgerichte um 12 €
Beliebtes, weil einfaches und preiswertes vietnamesisches Restaurant, das außerdem die asiatischen Klassiker Tempura und Dim Sum anbietet.

Thai Café (E 10)
412b, Chaussée de Waterloo
Tel. +32-2-538-38-55
tgl. 12–24 Uhr
Bus 54 bis Ma Compagne
Hauptgerichte 11–13 €
Thailändische Küche, wie man sie liebt: Schmackhaft, schnell und von jener raffinierten Einfachheit, die auch einen schnellen Lunch zum Erlebnis macht: Curries, Suppen, Wokgerichte.

Nord- und Südamerika

La Canne à Sucre (E 5)
12, rue des Pigeons
Tel. +32-2-513 03 72
Bus 34, 48, 95 bis Grand Sablon
Hauptgerichte 15–20 €
Aufregende Küche aus der Karibik und von den Antillen mit Chili, Kokosmilch und Limetten. Selbstverständlich gibt es auch Cocktails auf Rum-Basis – Wow! Am Wochenende Live-Musik.

Cantina Cubana (E 4)
6, rue des Grands Carmes
Tel. +32-2-502 65 40
Métro: Bourse
Hauptgerichte um 15 €
Kleines Restaurant mit cubanischer Musik und netter Atmosphäre mitten im Ausgeh-Viertel. Schweinefleisch mit Kochbananen und Erdnüssen oder Reis mit schwarzen Bohnen legen eine gute Grundlage für den weiteren Abend.

Pablo's (F 6)
51, rue de Namur
Tel. +32-2-502 41 35

Le Pain Quotidien

»Das tägliche Brot« heißt eine Kette von Frühstücksrestaurants, die Frühaufsteher und Langschläfer mit knusprigem Landbrot, hausgemachter Marmelade, cremigem Milchkaffee (soviel man will) und anderen Leckereien beglückt. Die Gäste sitzen zusammen am großen Tisch, man reicht sich gegenseitig Zucker, Milch und Konfitüre und kann ein Schwätzchen halten oder vor sich hin schweigen. Tagsüber gibt es belegte Brote, Suppen und Quiches. Zwölf Niederlassungen, u.a.
16, rue Antoine Dansaert,
11, rue des Sablons,
124, av. Louise,
68, rue du Luxembourg
Frühstück jeweils 9–12 Uhr.

Fritten sind das Lebenselixir der Belgier

www.pablos.be
So mittag geschlossen
Métro: Porte de Namur
Unkomplizierte authentische TexMex-Küche für den kleinen und großen Hunger, Fajitas, Burritos, Tortillas, auch große T-Bone-Steaks, Spareribs und Ofenkartoffeln *American style*. An der langen Bar trifft man sich zum Cocktail oder auf eine Flasche mexikanisches Bier, allerdings ist es zu Stoßzeiten sehr laut.

Sandwiches, Suppen, Snacks

Arcadi (F 4)
1B, rue d'Arenberg
Métro: Bourse
Kleine Snackbar mit vorwiegend vegetarischer Küche, Quiches, Nudeln, Salate.

La Cremerie de la Vache (F 7)
20, rue Jean Stas
Métro: Louise
Café in einem alten Milchgeschäft knusprigem Landbrot, Pistolets und Törtchen, mittags Pastagerichte.

Snack Cricotte (D 4)
100a, rue du Midi
Métro: Bourse
Üppig belegte Brote, Salate, Frikadellen usw. – eben ein typisch belgischer Imbiss, den mittags die Studenten der benachbarten Kunsthochschule heimsuchen.

Au Suisse (E 3)
73–75, bd. Anspach
Mo–Sa 10–20, So 17–21 Uhr
Métro: Bourse
Belegte Brote und Salate. Unter den vielen Sandwichbars im Zentrum ein echter Tipp, das Delikatessengeschäft nebenan bürgt für Qualität.

Le bar à Tapas (D 4)

11, rue Borgval
Mo–Sa 12–15, 18–24 Uhr
Métro: Bourse
An die 60 verschiedene Tapas, ein perfekter Zwischenstopp auf dem Weg von einem Club zum anderen.

Oups (H 8)

13, rue Lesbroussarts
Mo–Fr 11–17 Uhr
Bus 71 bis Flagey
Minimalistisches Dekor, weiße Wände, schlichte Möbel charakterisieren diese kleine ›Suppenküche‹ in Ixelles. Von herzhaft über exotisch bis sanft ist für jeden Geschmack etwas dabei, wer sich nicht entscheiden kann, nimmt statt einer großen zwei kleine Suppen (5.50 €). Hausgemacht ist auch das Brot, die Zitronenlimonade und der Eistee.

Sucré-Salé (E 4)

17, rue du Marché aux Herbes
Mo–Fr 7–18.30, Sa, So 8–19 Uhr
Métro: Bourse
Zeit für einen Kaffee und etwas Süßes? Hier wird man garantiert fündig: Kuchen, Crêpes, Pastetchen, süß und pikant, auf die Schnelle zum Mitnehmen oder gemütlich am Tisch, von morgens bis zum frühen Abend.

Salon de thé

Le Framboisier Doré (F/G 9)

35, rue du Bailli
Métro: Louise
Mo, Di geschlossen
Schickes Café mit freundlicher Bedienung, im Sommer Eisdiele, im Winter Creperie. Der Besitzer macht abwechselnd 200 verschiedene Eissorten, darunter Eis auf Basis von Bier und Champagner.

Hauptstadt der Pommes frites

Weder Frankreich noch Amerika ist die wahre Heimat der Pommes frites, sondern – Belgien. Frittenbuden stehen auf jedem größeren Platz und liefern Pommes in einer Frische und Qualität, die ihresgleichen sucht. In einer echten *frietkot* steht der *patron* bestimmt schon in der dritten Generationen an der Friteuse, schält und schneidet die Kartoffeln jeden Tag selbst, kennt die Geheimnisse der richtigen Temperatur und des richtigen Timings, dreht jedem Kunden aufs Neue die traditionelle Tüte aus festem Papier und streut am Ende liebevoll eine Prise Salz über die ganze Herrlichkeit. Wie wichtig den Belgiern die Qualität ihrer Fritten ist, zeigt die Tatsache, dass jedes Jahr von einer unabhängigen Jury die 10 besten *Fritures* des Landes gekürt werden.

Maison Antoine: Place Jourdan (Europaviertel, Métro Schuman); gegründet 1949, von New York Times zur »besten Friterie der Welt« gekürt.
Friterie Chez Martin: Place Saint-Josse (Metro Madou).

Fritten im Internet:
www.belgianfries.com
Witzige Seite mit Rezepten, einem Blick ins Innere einer »Frietkot«, Geschichte der Fritten usw.; Englisch
www.frites.be
Etwas chaotische Seite mit Witzen über Belgier, Bildern von Frittenbuden, Cartoons etc., auch auf Englisch.

Einkaufen

Samstagsvergnügen auf dem Grand Sablon: Stöbern

Antiquitäten & Trödel

Der Kunst- und Antiquitätenhandel ist in den Straßen rund um den Grand Sablon angesiedelt, hier findet man von Biedermeiermöbeln über Tribal Art bis zur zeitgenössischen Plastik alles – aber kaum etwas unter 1000 €. Erschwingliche Möbel aus den 30er bis 60er Jahren, Fichtenholzmöbel, Lampen, Kuriosa und Trödel bieten die Läden in den Straßen rund um den Flohmarkt auf der Place du Jeu de Balle an.

Grenier de la Chapelle (E 6)

41–51, rue Haute
tgl. außer Di
Métro: Porte de Hal
Trödel- und Antiquitätenkaufhaus.

Fins de siècle & plus (E 6)

180, rue Haute
Métro: Porte de Hal
Herrliche Jugendstil- und Art-Déco-Möbel, Gläser, Lampen.

Haute Antiques (E 6)

207, rue Haute,
Métro: Porte de Hal
Drei Etagen voll alter und antiker Möbel, Bilder, Lampen und Krimskrams, ausgestellt und angeboten von drei Dutzend Händlern.

Les Mémoires de Jacmotte (E 5/6)

96b, rue Blaes
Métro: Porte de Hal
Großer Laden mit verschiedenen Kojen, die im Monatsrhythmus an Händler vermietet werden, daher wechselt das Angebot hier häufiger als in anderen Läden.

Passage 125 Blaes (E 6)

125, rue Blaes
Métro: Porte de Hal
25 Antiquitätenhändler und Edeltrödler unter einem Dach, eine Fundgrube für alle, die auf ein schönes, erschwingliches Einzelstück aus sind.

Au Siffleur (D 6)

141, rue des Tanneurs
Métro: Porte de Hal
Wer seine Wohnung mit ein bisschen originellem Zubehör aufhübschen oder eine Flohmarkt-Errungenschaft aufpolieren möchte, findet hier Jugendstil-Lampen, alte Türklinken, Kerzenleuchter, Beschläge und Türklinken.

Galérie des Minimes (E 6)

23, rue des Minimes,
Bus 34, 48, 95 bis Grand Sablon
Fundgrube für allerlei Hübsches zwischen Trödel und Antiquität.

Senses Art Nouveau (E 5)
31, rue Lebeau
Bus 34, 48, 95 bis Grand Sablon
Dekorative Jugendstilobjekte und Schmuck, Originale und Repliken.

Grusenmeyer (E 5)
14, rue Lebeau,
Bus 34, 48, 95 bis Grand Sablon
Alt eingesessene Kunsthandlung, spezialisiert auf Tribal Art.

Pucci (E 5)
13, rue de la Paille
Bus 34, 48, 95 bis Grand Sablon
Hochwertige Möbel in Jugendstil und Art déco.

Gisèle Croë (D 7)
54, chaussée de Waterloo
Métro: Porte de Hal
Antiquitäten aus dem Fernen Osten.

Le Passé Simple (F 7)
103, Galérie Louise
Métro: Louise
Spielzeug, Nippes, Schmuck, Feuerzeuge, Blechdosen, Gläser und vieles mehr aus den 30er bis 60er Jahren.

Buchhandlungen & Antiquariate

FNAC (F 2)
City 2 (place Rogier)
Métro: Rogier
Großes Kaufhaus für Bücher und CDs im obersten Stock des Einkaufszentrums. Großes Angebot an Reiseführern zu Brüssel und Belgien, auch in Englisch.

Galérie Bortier (E/F 4)
Rue de la Madeleine
Métro: Gare Centrale
Mehrere Antiquariate unter einem Dach, davon einige spezialisiert auf Bücher und Bildbände zu Brüssel.

Gutenberg Buchhandel (G 4)
34, rue de Louvain
Métro: Parc
Deutsche Buchhandlung mit einer ziemlich vollständigen Auswahl von ›Klassikern‹ und Neuerscheinungen.

Librairie des Galéries (E/F 4)
2, Galérie du Roi
Métro: Bourse
Wunderschöne Buchhandlung in der originalen Ausstattung des 19. Jh. mit hohen, stuckierten Decken. Kunstbücher, Ausstellungskataloge, Kunstpostkarten.

Peuple et Continents (F 4/5)
11, rue Ravenstein
Métro: Gare Centrale
Reiseführer in Niederländisch, Französisch, Englisch, Reiseerzählungen, Fotobände, Kulturgeschichte ferner Länder – alles rund ums Reisen bekommt man in dieser alt eingesessenen Buchhandlung im Palais des Beaux Arts.

Tropismes (E/F 4)
11, Galérie des Princes
Métro: Bourse
tgl. geöffnet
Der andere Büchertempel in der Galerie – auch hier ist es ein Genuss, in schön gemachten, teuren Bänden zu blättern, prachtvolle Kochbücher zu betrachten und zumindest eine Kunstpostkarte zu erstehen.

Waterstones (F 2)
71, bd. Adolphe Max
Métro: Rogier
Buchhandlung für englische und amerikanische Literatur, Neuerscheinungen,

Klassiker, Kinderbücher, Computerhandbücher, Wissenschaft und Technik sowie alle gängigen Zeitschriften.

Comics

Brüsel (E 4)
100, bd. Anspach
www.brusel.com
Métro: Bourse
Große Auswahl an Neuerscheinungen.

Le Depôt (D 4)
108–110, rue du Midi
www.depotbd.com
Métro: Bourse
Neue und gebrauchte Hefte, CDs, Videos, DVDs, Figuren. An- und Verkauf, 20% Rabatt auf alle Hefte.

Slumberland (F 3)
20, rue des Sables,
Métro: Gare Centrale.
Der Museumsladen im Comic-Museum führt nicht nur Comics, sondern auch interessante Bücher über Comics.

La Bande des Six nez (H 6)
179, chaussée de Wavre
www.labandedessixnez.com
Bus 34, 80 bis Parnassus
Neue und gebrauchte Comics, jeder Kunde bekommt Rabatt.

Boutique Tintin (E 4)
13, rue de la Colline
Mo–Sa 10–18, So 11–17 Uhr
Métro: Bourse
Der Himmel für Tim-&-Struppi-Fans: Alles aus Keramik, Plastik, Papier usw. aus dem bevölkerten Kosmos des großen Zeichners Hergé. Fifi Yi-Fei, die Tochter des chinesischen Beraters von Hergé, hat ihren Laden den weltberühmten Figuren gewidmet.

> **Mode im Internet**
>
> Unter **www.modobruxellae.be** findet man Adressen aller interessanten Designer, Neuigkeiten, Hinweise auf Events und vieles mehr.

Mode

Große Kettenläden wie C&A, H&M, Pimkie u.ä. sind in der Rue Neuve angesiedelt, Mode renommierter internationaler Häuser findet man hauptsächlich in der Avenue Louise, am Boulevard de Waterloo und in der Chaussée d'Ixelles. Sehr elegante, damenhafte Stücke kauft man in den Galéries Royales St-Hubert. Das Mekka der jungen belgischen Designermode ist die Rue Antoine Dansaert, die Rue du Midi ist gut für kleine, kuriose Geschäfte aller Art und Streetwear.

Bethel Boutique (G 6)
39, chaussée de Wavre
Métro: Porte de Namur
Afrikanische Stoffe in glühenden Farben und heftigen Mustern sowie Handtaschen und passende Schuhe in nie gesehenen Pastelltönen.

Idiz Bogam (D 3)
76, rue Dansaert
Métro: Bourse
Lederjacken, Blazer, Mäntel, Westen bzw. Abendkleider aus den 30er bis 50er Jahren.

Chine (F 7)
82–84, av. Louise
Métro: Louise
Kleider und Röcke aus schwerer chine-

sischer Seide, witzige Tops aus Leder, prächtige Jacken verkauft der belgische Designer Guilleaume Thys, der viele seiner Stoffe aus Ostasien bezieht.

Compagnie française de l'Orient et de la Chine (F 7)

1a, place Stéphanie
Métro: Louise
Östlich angehauchte Mode, Kimonos, Jacken, aber auch importierte Stoffe, Möbelstücke und Dekorationsgegenstände.

Mieke Cosyn (D 3)

11–13, rue Léon Lepage
www.miekecosyn.com
nur Do, Fr 11–18 Uhr mit Voranmeldung, Sa allgemein geöffnet
Métro: Ste-Cathérine
Die belgische Designerin hat sich auf Abend- und Brautmode aus superedlen Materialien spezialisiert.

Delvaux (E/F 4)

31, Galérie de la Reine
Métro: Bourse
Der elegante Laden in der Galerie atmet noch den Geist der Gründerzeit: Hohe Decken, polierte Holzflächen, Messingarmaturen. Erste Adresse für Handtaschen und Lederwaren.

Gillis (E 4)

17, rue du Lombard
Métro: Bourse
Schöne Hüte, klassisch oder verrückt.

Johanne Riss (D 3)

35, place du Nouveau Marché aux Grains
Métro: Ste-Cathérine
Raffinierte Modellkleider, festliche Abendmode, Brautkleider werden neben einem Goldfischbecken anprobiert.

Usage Externe

Auf 600 m² zeigen ganz junge belgische Talente, wie sie sich Mode und Schmuck der Zukunft vorstellen. Dreimal pro Jahr werden Themenshows organisiert, im Erdgeschoss gibt es einen Artshop mit Designkunst (46, rue du Vieux Marché aux Grains)

Modes (E 6)

164, rue Blaes.
Métro: Porte de Hal
Strohhüte, Kappen, Feze, Omas Unterröcke, indische Wallekleider.

s en ciel (E 6)

158, rue Haute
Métro: Porte de Hal
Mo geschlossen
Sehr schöne Lederwaren, sehenswertes Schaufenster.

Stijl (D 3)

74, rue Antoine Dansaert
Métro: Bourse
Avantgardistische Designer-Mode für Sie und Ihn von belgischen Modeschöpfern, die inzwischen große Namen haben: Ann Demeulemeester, Dries van Noten, Dirk Schönberger.

Möbel, Geschirr und Küchengeräte

Dille en Camille (F 7)

16, rue Jean Stas
Métro: Louise
In diesem schönen, hellen Laden stehen auf Holzregalen Blumen, Kräuter, Küchenutensilien, Tischwäsche, Gartenzubehör sowie Bonbons und Süßigkeiten nach alten Rezepturen.

Die Antiquariate in der Galérie Bortier laden zum Stöbern ein

Emery & Cie. (E 5)
25–29, rue de l'Hôpital
Métro: Gare Centrale
Vielleicht brauchen Sie gerade keine neuen Gartenstühle oder handgefertigten Fliesen, dennoch sollten Sie sich einen Besuch in diesen drei nebeneinander liegenden Häusern nicht entgehen lassen. Hier wandert man von einem Raum in den anderen, steigt Treppen hinauf und hinunter und befindet sich immer wieder in einer anderen Inszenierung. Möbel, Stoffe, Kleiderhaken – alles ist durch raffinierte Beleuchtung und durchdachtes Arrangement verführerisch in Szene gesetzt.

Au Grand Rasoir (E 4)
7, rue de l'Hôpital
Métro: Gare Centrale
Messer, Scheren, Rasierklingen und alles, was schneidet, in urigem altem Laden.

Lauffer (F 4)
59, rue des Bouchers
Métro: Bourse
Küchengerätschaften für Hobbyköche und Profis.

Ligne (E/F 4)
12–16, Galérie de la Reine
Métro: Bourse
Möbel von Uchida, Pol Quadens u. a. – klare Linien, hochwertige Materialien, die Klassiker von morgen.

Musik

La Boîte à Musique (F 4/5)
17, rue Ravenstein
Métro: Gare Centrale
Fachgeschäft für klassische Musik – Platten, CDs, Noten, Bücher.

Discomania (D/E 4)
3, bd. Lemonnier

Métro: Bourse
Fast nur Vinyl-Schätzchen, jede Musikrichtung.

Jukebox (E 4)
165, bd. Anspach
Métro: Bourse
LPs und Singles aus zweiter Hand. Die Auswahl ist riesig, jede nur denkbare Musikrichtung ist vertreten.

Spezialisten

L'âme des Rues (E 4)
49, bd. Anspach
Métro: Bourse
Wenn Sie sich immer schon mal den jungen Marlon Brando übers Bett hängen wollten – hier gibt es Originalplakate und Stills aus tausenden von Filmen.

Daniel Traube (E 5)
33, rue de Rollebeek
Métro: Gare Centrale
Spazierstöcke für Jung und Alt, für Dandys und Flaneure, Gentlemen und Ladies jeden Alters.

Epicerie fine Claire Fontaine (E/F 5)
3, rue E. Allard
Mo geschlossen
Bus 34, 48, 95 bis Grand Sablon
Kräuter, Öle, Gewürze, Senf, Würste in einer feinen alten Spezereienhandlung.

Euroline (E 4)
84, rue du Marché-aux-Herbes
Métro: Bourse
Schirme, T-Shirts, Fahnen, Tassen – für Freunde des vereinten Europa alles in blau mit gelben Sternen.

La Maison du Bridge (F 9)
61, rue du Bailli
Métro: Louise
Alles für Bridge-Fans, aber auch Schachspiele, Mah Jongg, Backgammon und so weiter.

Oliviers & Co (E 4)
28, rue au Beurre
Feinste Olivenöle, Tapenaden, Essig, Senf, Würzsoßen.

Daniel Ost (G 4)
13, rue Royale
Tram 92, 94 bis Parc
Einen Blumenstrauß wird man wohl kaum als Souvenir mitnehmen, einen Besuch in diesem wundervollen Laden sollte man dennoch nicht versäumen: Die Fassade mit dem großen Fenster

Afrika in Brüssel

In der Gegend zwischen Chaussée d'Ixelles und Chaussée de Wavres leben vieler Afrikaner, speziell aus dem Kongo. Matongé heißt das Viertel neuerdings sogar, nach einem Stadtteil von Kinshasa. Hier gibt es Läden mit afrikanischen Lebensmitteln, CDs und DVDs, Schmuck und Stoffen sowie einige Restaurants mit afrikanischen Gerichten, die aber so schnell wechseln, dass man sie hier kaum aufführen kann. Vollends in eine afrikanische Welt taucht man ein, wenn man durch die **Galérie d'Ixelles** bummelt. Hier reiht sich ein Friseur an den anderen, in jedem werden Zöpfchen geflochten oder Muster in Kurzhaarschnitte geschoren. Dazwischen gibt es Geschäfte mit afrikanischen Stoffen und kleine Teestuben, alle gedrängt voll mit plaudernden Männern und Frauen und herumwuselnden Kindern.

und dem fantasievoll geschwungenen Holzrahmen ist ein Werk des Jugendstilkünstlers Paul Hankar, nicht weniger kunstvoll sind die Kreationen des Floristen.

Rosalie Pompon (E 4)

1, rue de l'Hôpital
Métro: Gare Centrale
Es sind gerade die vollkommen unnützen Dinge, die am meisten Spaß machen, und davon gibt es hier jede Menge: Spardosen in allen unmöglichen Formen und Farben, Uhren in Form von Blumenkohl und Spargelstangen – kurz: Kitsch und Tand in allen Ausprägungen.

Senteurs d'Ailleurs (G 8)

94, av. Louise
www.senteursdailleurs.com
Métro: Louise
In dieser Parfumerie werden seltene Parfums, Eaux de Toilettes und Seifen von kleinen Manufakturen verkauft.

La Tête d'Or (E 4)

13, rue de la Tête d'Or
Métro: Bourse
Alles für den Liebhaber feiner Zigarren.

Spitze

Kantolino (E 4)

51, rue Henri Maus
Métro: Bourse
Spitze, Tischwäsche, Silbe, Puppen.

Real Lace Factory (E 5)

Louise Verschueren
16, rue Watteau
Bus 34, 48, 95 bis Grand Sablon
Schöne originale Klöppel- und Nadelspitze sowie Gobelinarbeiten aus Brabant.

F. Rubbrecht (E 4)

23, Grand-Place
Métro: Bourse
Handgearbeitete Spitze, alt und modern.

N. Toebar /E 4)

10, rue Charles Buls
Métro: Bourse
Spitze und Gobelins, Petit-Point-Stickerei.

Manufacture Belge de la dentelle

6 & 8, Galérie de la Reine
Métro: Bourse
In dem Geschäft, das seit fast 200 Jahren besteht, gibt es hochwertige Spitze nach alten und modernen Mustern.

Süßigkeiten

Dandoy (E 4)

31, rue au Beurre
Métro: Bourse
Älteste Bäckerei der Stadt, Spezialität: *Pain à la Grècque* und Spekulatius, die Filiale in der Rue Charles Buls hat auch einen Tea room.

Godiva

22, Grand-Place, Gare du Midi und eine Reihe anderer Stellen.
Einer der international bekanntesten Chocolatiers, Edelschokolade und Pralinen, spezielle Angebote zu Weihnachten und Ostern.

Léonidas

34, rue au Beurre und 46, bd. Anspach (und weitere Filialen)
Tausende von Pralinen gehen pro Stunde über die Theken der kleinen, duftenden Läden, die sich überall in der Stadt finden. Sehr süße, weiche, mit köst-

lichen Cremes gefüllte Bissen, vor allem die Weißen haben ihre Liebhaber.

Highlight 2

Schokoladenträume

Zwei große Chocolatiers werben auf dem Grand Sablon um Schleckermäuler: **Wittamer** (12, place du Grand-Sablon) produziert klassische Pralinen und Schokolade der absoluten Luxusklasse, auch Kuchen, Torten, *petit fours* und kleine, edle Häppchen. Unbedingt auch probieren: die Fruchtpasteten. Sein einstiger Schüler, **Marcolini** (1, rue des Minimes), macht ebenfalls mit Pralinen höchster Qualität von sich reden, er setzt auf neuartige Kombinationen und exotische Aromen (E/F 5, Bus 34, 48, 95 bis Grand Sablon).

Neuhaus (E/F 4)

25–27, Galérie de la Reine
Métro: Bourse
Hier wurde die Praline erfunden: Ab 1857 verkaufte der Schweizer Apotheker Jean Neuhaus hier zunächst Zuckermandeln, sein Sohn kreierte 1912 das mit Schokolade überzogene Konfekt – und seine Frau die *ballotins,* die kleinen, mit Gold- oder Glanzpapier kaschierten Kartons. Das Geschäft scheint sich kaum verändert zu haben, noch immer legen freundliche Verkäuferinnen mit weißen Schürzen die Pralinen mit Silberzangen vor.

Planète Chocolat (E 4)

24, rue du Lombard
Métro: Bourse
In dem kleinen Laden stellt Frank Duval seine Pralinen vor den Augen des Publikums her und experimentiert mit interessanten Aromen. Im Café nebenan gibt es jeden Sonntag nachmittag einen gern besuchten »Tanztee«.

Märkte

Brüssel ist eine Stadt der Märkte, Stöbern und Feilschen gehört zu den Lieblingsbeschäftigungen der Belgier.

Ach, wer da reinbeißen könnte …

Alte Bücher und Dokumente

Musée Royal de l'Armée (L 5)
Parc du Cinquantenaire
jeden 1. Sa im Monat 8–16 Uhr
Métro: Mérode
Bücher, Sammelmappen, Karten, Postkarten, Dokumente aller Art.

Antiquitäten

Grand-Sablon (E 5)
Sa 9–18, So 9–14 Uhr
Bus 34, 48, 95 bis Grand Sablon
Hervorragende Auswahl an Kleinmöbeln, Lampen, Geschirr, Besteck und Silberzeug, Nippes.

Blumen

Grand-Place (E 4)
Mo, Mi, Fr
Métro: Bourse
Topfblumen je nach Saison, im Winter nur Schnittblumen.

3

Highlight

Flohmarkt auf der Place du Jeu de Balle (D 6)

tgl. 7–14 Uhr.
Métro: Porte de Hal
Ein Muss für jeden Brüssel-Besucher ist dieser Flohmarkt, der bisher allen Versuchungen der ›Aufhübschung‹ widerstanden hat. Es gibt buchstäblich nichts, wofür hier nicht ein Käufer gesucht wird: altes Werkzeug, Geschirr, Bilderrahmen, gipserne Madonnenfigürchen, alte Bücher, Platten, Sammel-

Flohmarkt auf der Place du Jeu de Balle

bildchen – der Fantasie sind keine Grenzen gesetzt. Die meisten Händler haben ihre Waren einfach in einem abgezirkelten Viereck auf dem Pflaster arrangiert, nur wenige leisten sich den Luxus eines Standes. Die kleinen Cafés, die den Platz säumen, bieten sich für einen Imbiss an. In der alten Feuerwehrkaserne an der Ostseite des Platzes und im weiteren Verlauf der Rue Blaes haben sich heute zahlreiche Antiquitätenhändler und Edeltrödler niedergelassen, die, meist auf eine bestimmte Sparte spezialisiert, sozusagen die Crème der Käufer abschöpfen.

Flohmärkte

Westland Shopping Center (westlich A 6)
Bd. S. Dupuis (Anderlecht)
Bus 89 bis Westland Shopping Center,
So 8–13 Uhr,

Place Simonis (nördlich C 1)
(Koekelberg), 2. Sa im Monat.

Fahrräder und Mofas

Boulevard du Midi (D 6)
So 7–14 Uhr
Métro: Lemonnier
Fahrräder, Mofas und jede Menge Zubehör.

Lebensmittel

Abattoires (A 5)
Rue Ropsy-Chaudron
Fr, Sa, So 7–13 Uhr
Métro: Clemenceau
Gemüse, Obst, Wurst, Fleisch, Brot.

Gare du Midi (C 6)
So 7–13 Uhr
Métro: Midi
Viele afrikanische und asiatische Händler.

Schönes aus dem Pfandhaus

Das Pfandhaus **Mont de Piété / Berg van Barmhartigkeit** in der Rue St-Ghislain (Marollen) verkauft regelmäßig Schmuck und Diamanten sowie andere Pfänder. Die Verkaufstage werden in der großen Schalterhalle angezeigt.

Place de la Monnaie (E 3)
Mi 9–14 Uhr
Métro: Bourse
Biomarkt.

Place Ste-Cathérine (E 3)
tgl. 7–17 Uhr
Métro: Ste-Cathérine

Place du Châtelain (F 9)
Mi 14–19 Uhr
Métro: Louise
Lebensmittel und Delikatessen.

Place Flagey (H 9)
tgl. 7–12 Uhr
Bus 71 bis Flagey
Obst, Gemüse

Second Hand & Discount

Les Enfants d'Edouard (G 8)

175–177, av. Louise
Tram 93, 94 bis Lesbroussart
Kollektionen des Vorjahres mit einem Preisnachlass von 50 %.

Degrif (F 10)

49, rue Simonis
Tram 93, 94 bis Defacq
Italienische und französische Schuhe mit 50 % Rabatt.

In der Beursschouwburg

Ausgehen

Brüssel am Abend

Wer befürchtet, dass Brüssel, weil klein und ein bisschen bieder, kein nennenswertes Nachtleben besitzt, liegt vollkommen daneben. Kaum ist das Hupkonzert des Feierabend-Stoßverkehrs verklungen, schöpft die Stadt Atem, um sich auf den nicht minder wichtigen zweiten Teil des Tages vorzubereiten. Denn in einen Brüsseler Abend passen ohne weiteres Kinobesuch plus Abendessen plus Tanzen plus Absacker.

Szene

Auch wer sich auf der Suche nach einem angenehmen Abend einfach durch die Straßen treiben lässt, wird Unterhaltung finden: Rund um die Grand-Place reiht sich Kneipe an Kneipe, wobei allerdings viele recht rummelig und touristisch sind.

Interessanter ist die Gegend um die Place St-Géry mit Cafés und Clubs, in denen die neuesten Trends blühen, die Straßen um die Rue du Marché au Charbon mit kleinen Restaurants, Bars und Cafés, wo sich auch das Herz der Schwulenszene befindet, ferner der Anfang der Avenue Louise mit Place Stéphanie sowie seit langem die Viertel Ixelles und St-Gilles. Zum Hotspot hat sich in den letzten Jahren auch das Café Belga im alten Radiogebäude Flagey entwickelt. Eurokraten und alle, die in der Gegend um den Jubelpark zu tun haben, gehen gern in die Kneipen zwischen Berlaymont und Square Ambiorix, in denen das Sprachengewirr zum unverzichtbaren Charakteristikum gehört.

Tavernen und Estaminets

Café, Taverne, *estaminet* – dies ist der Ort, an dem man in Brüssel einen Großteil des Abends verbringt, bei einem der hundert Biere, einem Glas Wein, einem Cognac oder tatsächlich einem Kaffee. Diese dunklen Höhlen, meist vollgeräumt mit Nippes aller Art und dezent beschallt, sind für viele Brüsseler eine Art Dependance des Wohnzimmers. Hier verabredet man sich vor oder nach dem Essen, Kino, Tanzen, bleibt ein, zwei Gläser lang und zieht dann weiter.

Discos und Clubs

Der Dresscode ist in Brüssel weniger streng als etwa in Paris, aber je weiter es Richtung Bois de la Cambre geht, desto weniger Chancen hat der lässige Streetwear-Typ. Donnerstag, Freitag, Samstag sind die gängigen Ausgeh-Tage, die meisten Clubs haben an den anderen Tagen gar nicht geöffnet. Der Eintritt kostet meist unter 10 €, vor Mitternacht kann es günstiger sein – aber dann ist auch noch nichts los.

Tavernen, Cafés, Kneipen

À la Bécasse (E 4)

11, rue de Tabora
Mo–Do 10–24, Fr–So 11–2 Uhr
Métro: Bourse
In der kleinen Kneipe am Ende einer Sackgasse mit einfachen Holztischen gibt es noch Lambic, das original Brüssler Bier, das nur noch in einer Brauerei produziert wird. Es wird in Steinkrügen serviert, dazu bestellt man stilecht Quarkbrote. Ebenfalls zu empfehlen: Blanche de Bruxelles, ein spritziges, erfrischendes Weizenbier. Folgen Sie einfach der ins Trottoir eingelassenen Messing-Schnepfe mit dem langen Schnabel.

Café Belga (H 9)

Place Flagey (im alten Rundfunkgebäude)
tgl. 10–2 Uhr
Bus 71 bis Flagey
Das große Café mit den schlichten Tischen und Stühlen sieht aus, als sei es schon immer da und nicht erst vor ein paar Jahren mit der Neueröffnung des Flagey entstanden. Hier kann man fast rund um die Uhr abhängen, Zeitung lesen, Musik hören, plaudern oder einfach in die Luft starren.

Het Bloemeke van Goudpapier / La Fleur en Papier Doré (E 5)

53–55, rue des Alexiens
tgl. 11–2, Fr, Sa bis 4 Uhr
Métro: Anneessens
In der winzigen Künstlerkneipe voller Krimskrams saß einst Magritte mit seinen Malerkollegen, und wunderbarerweise hat sich das Flair bis heute lebendig erhalten: Immer noch kommen Künstler, Literaten und Ausgeflippte hierher auf ihr Gläschen.

Café Central (E 4)

14, rue de Borgval
Métro: Bourse
Zentral gelegene Kneipe, ideal, um sich für den Abend in Stimmung zu bringen. Jazz und Funk, am Wochenende oft DJs.

Le Cirio (E/F 3)

18, rue de la Bourse
tgl. 10–24 Uhr
Métro: Bourse
Dieses wunderbare Belle-Epoque-Lokal gleich neben der Börse ist unbedingt einen Besuch wert: Hohe Stuckdecken,

Kneipen-Websites

Die offizielle Website des Brüsseler Fremdenverkehrsamtes bietet unter der Rubrik »Ausgehen« eine verlockende Auswahl typisch Brüsseler Bars, Jugendstilcafés, Jazz-Kneipen etc.: **www.brussel.irisnet.be**.
Fred und Jo, die auch im monatlichen Veranstaltungsmagazin »Kiosque« für die Rubrik »Kneipen« schreiben, haben auf ihrer Website ihre Erfahrungen bei Besuchen in den Brüsseler Kneipen zusammengetragen. Ergebnis ist ein gut gemachtes Kneipenverzeichnis mit Bewertungen und – wenn nötig – Warnungen! Es gibt sogar eine eigene Rubrik für English & Irish Pubs, eine Liste mit Latino- (und Cocktail-)Bars und eine mit Lesben- und Schwulenkneipen: **www.fredjobars.be**.
Andere Seiten bieten ähnliche Inhalte, wenn auch mit weniger benutzerfreundlichen Oberflächen und Angeboten, z. B. die Website von Brussels Tourism: **www.brusselstourism.com** (Rubrik »City Guide«).

Spiegel, Säulen, Plüschsessel und Marmortischchen im Inneren, ein großer Außenbereich mit bequemen Korbstühlen zum Sehen und Gesehenwerden, dinstinguiert-freundliche Kellner, sogar die Toiletten sind noch im Stil der Zeit.

Le Corbeau (E/F 3)

18–20, rue Saint-Michel
Mo–Do 10–1 Uhr, Fr, Sa bis Ultimo
Métro: Brouckère
Ein willkommener Zufluchtsort vor dem Rummel auf der Rue Neuve ist diese authentische Taverne, in der 30 belgische Flaschenbiere und mehrere Fassbiere serviert werden. Wer auf Originalität aus ist, bestellt einen ›Chevalier‹ und versucht dann, das Glas, das in etwa die Form einer Eieruhr hat und in einem Holzständer ruht, einigermaßen elegant zum Mund zu führen.

Le Falstaff (E 4)

17–23, rue Maus
tgl. 10–1 Uhr
Métro: Bourse
Das Pendant zum Cirio, ebenso prächtig mit Spiegeln und Lüstern dekoriert, belgische Küche bis in den frühen Morgen.

De Zageman

Eines der urigsten *estaminets* der Stadt hat abends geschlossen: **De Zageman** (116, rue de Laeken) in einem uralten Giebelhaus aus rotem Backstein scheint aus dem 19. Jh. übrig geblieben zu sein. Hier trifft man sich auf ein Glas nach der Arbeit, aber schnell muss es gehen, denn um 20 Uhr ist Zapfenstreich, und am Wochenende steht man vor verschlossenen Türen

À l'imaige de Notre-Dame (E 4)

3, impasse des Cadeaux
Métro: Bourse,
tgl. 12–24 Uhr, So ab 16 Uhr
Ganz am Ende einer kleinen Sackgasse, die von der Rue du Marché aux Herbes abgeht, versteckt sich dieses hübsche *estaminet*. Ein ausgezeichneter Ort für eine Pause beim Stadtbummel. Empfehlenswert ist das Bier vom Fass, dazu kleine Speisen wie ein Teller Spaghetti zu kleinen Preisen.

Café Leffe (E 5)

46, place du Grand-Sablon
tgl. 11–1 Uhr
Bus 34, 48, 95 bis Grand Sablon
Das große Lokal im Art-déco-Look gehört zwar nicht zu den Brüsseler Klassikern, sondern ist das Outlet einer Brauerei, doch ist es ein ausgezeichneter Platz, um an einem langen Abend zwischendurch ein wenig abzuhängen und eine der vielen Biersorten zu probieren.

Highlight 4

Café Métropole (E 3)

31, place de Brouckère
tgl. 9–1 Uhr
Métro: Brouckère
Zwar kann man hier auch auf der geräumigen Terrasse sitzen, doch ein echtes Erlebnis ist das Innere dieses prächtigen Cafés des gleichnamigen Luxushotels. Der hohe, quadratische Raum strotzt von goldenen Dekorationen, schwere Lüster und große Spiegel verstärken den Eindruck, sich in einem Kostümfilm zu befinden. An den Tischchen sitzen verwitterte Damen bei Kaffee und Likör oder Business people beim ersten Bier nach erfolgreichem

Im Mort Subite

Abschluss. Dennoch ist die Atmosphäre angenehm und der Service freundlich.

Moeder Lambic (westlich E 9)

68, rue de Savoie (St-Gilles)
tgl. 16–3 Uhr
Métro: Horta
Eine Institution im Stadtviertel St-Gilles ist diese winzige Kneipe, die sich rühmt, mehr als 1000 Biere vorrätig zu halten.

La Mort Subite (F 3)

7, rue Montagne aux Herbes Potagères
tgl. 11–1 Uhr
Métro: Bourse, Gare Centrale
In diesem verrauchtem Lokal mit den vergilbten lackierten Wänden und den großen Spiegeln scheint sich ganz Brüssel auf ein Gläschen zu treffen. Manch einer, der mit Aktentasche auf einen Feierabend-Absacker gekommen ist, sitzt noch gegen Mitternacht da, tief im Gespräch mit den Kollegen. Der ungemütlich klingende Name bezieht sich nicht auf das Bier, sondern auf ein Gesellschaftsspiel, das man einst hier pflegte. Viele verschiedene Biere, darunter das Mort Subite, belegte Brote oder Käsewürfel.

Le Poechenellekelder (E 4)

5, rue du Chêne
tgl. 11–24 Uhr
Métro: Bourse
Wer beim Anblick des Manneken Pis Durst bekommt, kann gleich gegenüber einkehren – und findet sich einem Panorama Brüsseler Geschichten und Anekdoten gegenüber. Originelle Biersorten und belegte Brote mit rätselhaften Alt-Brüsseler Namen passen dazu.

Le Roy d'Espagne (E 4)

1, Grand-Place
tgl. 11–1 Uhr
Métro: Bourse
Zwar eine touristische Hochburg, doch kein Abzocker-Schuppen: Im Inneren Bruegel-Atmosphäre mit offenem Feuer und vielen kleinen, holzgetäfelten

Land der 1000 Biere

Über tausend verschiedene Biersorten hat Belgien zu bieten, und jedes Café hat davon mindestens 20 auf Lager, meist bedeutend mehr. Die Sorten unterscheiden sich voneinander in Farbe und Geschmack weit mehr, als man dies von deutschen Bieren gewöhnt ist. Ein guter Einstieg für eine Tour de Bière ist ein **Leffe,** benannt nach einer Abtei in den Ardennen, wie ohnehin viele Biere ihre Tradition in Klöstern oder Beginenhöfen haben. Das Leffe wird als *blonde,* also hell und frisch, *brune,* dunkel mit aromatisch-malzigem Geschmack und als starkes »Triple« angeboten. Vergleichbar sind das **Corsendonk** oder das **Orval,** ebenfalls sogenannte »Abteibiere«. Das dunkle **Trappist** schmeckt leicht bitter, das **Duvel** eher säuerlich. Einen guten Ruf genießt das **Chimay,** ein fruchtiges, starkes Bier mit einer zarten Muskatnote. Ein Muss ist die **Gueuze,** die nur in Brüssel und Umgebung gebraut werden darf. Die Geuze schmeckt frisch und säuerlich, ein guter Durstlöscher an heißen Tagen. Sie hat zwei extravagante Verwandte namens **Kriek** und **Framboise,** die während des Reifeprozesses mit Kirschen bzw. Himbeeren versetzt werden und ein wenig nach Limonade schmecken. In den letzten Jahren ist die **Blanche** populär geworden, ein leichtes naturtrübes Weizenbier, in einem soliden Glas und manchmal mit einer dicken Zitronenscheibe serviert. Salut!

Räumen, draußen eine große Terrasse mit direktem Blick aufs Rathaus.

L'Ultime Atome (G 7)

14, rue Saint-Boniface
Métro: Porte de Namur
tgl. 8.30–1 Uhr, Sa, So ab 10 Uhr
Friedvolles Abhängen zu jeder Tageszeit garantiert dieses Café in Ixelles. Kleine Karte, diverse Biersorten.

De Ultieme Hallucinatie (G 1)

316, rue Royale
tgl. außer So 11–1 Uhr, Sa ab 16 Uhr
Tram 93, 94 bis Ste-Marie
Eines der schönsten Jugendstilcafés der Stadt. In einem großen hellen Raum mit viel Grün sitzt man auf lackierten Holzbänken, die einstmals Henry van de Velde für die belgischen Eisenbahnen entworfen hat.

Zebra (D 4)

33, rue de St-Géry
tgl. 11–2 Uhr
Métro: Bourse
Das Zebra gibt sich als mexikanische Eckkneipe mit großem Außenbereich, wo man alle und alles sieht.

Cocktails & Latino

All Stars (E 3)

9, quai au Bois à Brûler
Métro: Cathérine
Alle gängigen Cocktails, mehr Club als Bar.

L'Archiduc (E 3)

6, rue Antoine Dansaert
tgl. 16–5 Uhr
Métro: Bourse
Kleine Pianobar ganz im Stil der 30er Jahre mit live Jazzkonzerten am Wochenende.

Au Bon Vieux Temps (E 4)
12, rue du Marché-aux-Herbes
Métro: Bourse
Für den stilvollen Aperitif im Ambiente des 17. Jh.

La Canne à Sucre (E 5)
12, rue des Pigeons
tgl. 19.30–24 Uhr
Bus 34, 48, 95 bis Grand Sablon
Latino-Bar und -restaurant sowie ›Rhumerie‹, große Auswahl an Cocktails.

El Papagayo (D 5)
6, place Rouppe
tgl. 19–2 Uhr
Métro: Lemonnier
Ein Abstecher in die tropische Welt der Karibik, die man mit allen Sinnen erfahren kann, vor allem, wenn man ei-

Im Café Java

nen oder zwei der köstlichen Cocktails probiert hat.

Discos & Clubs

Acrobat (D 4)

14, rue Borgval
Métro: Bourse
Kleine House und Funk Disco, freier Eintritt, moderate Preise.

Le Bazaar (D/E 6)

63, rue des Capucins
Do–Sa ab 19.30 Uhr
Métro: Porte de Hal
Unten Disco mit Funk, Soul und Rock in einem alten Keller, oben ein Restaurant. Wer mehr als 50 Quadratzentimeter zum Tanzen braucht, ist hier aber fehl am Platz.

Beursschouwburg (E 3)

20–28, rue Auguste Orts
www.beursschouwbourg.be
Do–Sa 19.30–4 Uhr
Métro: Bourse
Bangra, Drum 'n' Bass, Acid Jazz, Funk live oder DJ in einem großen alten Industriegebäude gleich bei der Börse. In der Bar mit dem langen Tresen finden regelmäßig kleinere Livemusik-Veranstaltungen wie Jam Sessions oder Abende experimentaler Musik statt.

Drum Beats (D 4)

14, rue des Harengs
Métro: Bourse
Drum'n'Bass, Hip-Hop, Techno, Acid.

The Fuse (D 7)

208, rue Blaes
www.fuse.be
Sa 22–7 Uhr
Métro: Porte de Hal
Eine der bekanntesten Techno-Diskos Belgiens. Auf drei Stockwerken Techno, House, Jungle, häufig bekannte DJs.

Les Jeux d'Hiver (südlich H 10)

1, chemin du Croquet (Bois de la Cambre)
Do, Fr, Sa
Tram 93, 94 bis Abbaye de la Cambre
Motto: In ist, wer drin ist. Hier trifft sich Jung und Schön mit Reich und Spendabel. Eintritt frei – wenn man reinkommt.

Magasin 4 (E 2)

4, rue du Magasin
Métro: Yser
Fr, Sa ab 21 Uhr, sonst je nach Programm
Im Erdgeschoss große Bar, oben Rock, Funk und Experimental, Eintritt ca. 7 €

Pablo's Disco Bar (E 4)

60, rue du Marché au Charbon
Mi–Sa ab 21 Uhr
Métro: Bourse
Salsa, House, Drum 'n' Bass. Mit Terrasse.

Le Pacha (E 3)

41, rue de l'Ecuyer
Mo–Sa ab 21 Uhr
Métro: Bourse
Eine von 70 europäischen Pacha-Diskos, jetzt auch in Brüssel.

Le Sud (E 3)

45, rue de l'Ecuyer
Métro: Bourse
Fr, Sa ab 22.30 Uhr
Hits aus den 60ern bis 90ern zum entspannten Tanzen für alle, die keine Techno-Freaks sind.

Live Music

Studio Athanor (D 4)
Hotel Arlequin
17–19, rue de la Fourche
www.athanor.be
Métro: Bourse
In dem angenehmen kleinen Club mit Bar und einer langen roten Bank werden regelmäßig Jazzkonzerte abgehalten.

Backstage (E 3)
36, rue Fossé-aux-Loups
Angenehme Pianobar mit regelmäßigen Jam Sessions, am Wochenende Jazz und Blues.

Cabaret aux Chansons (D 4)
22 bis, rue du Marché aux Fromages
Fr, Sa und 1. Do im Monat ab 20 Uhr
Métro: Bourse
Chansons und Kleinkunst, immer wieder mit jungen Künstlern, die dem klassischen Chanson neuen Schwung verleihen. Eintritt 3 €.

Goupil au Fol (E 4)
22, rue de la Violette
tgl. ab 20 Uhr
Métro: Bourse
Französische Chansons.

New York Café Jazz Club (F 7)
5, chaussée de Charleroi
Métro: Louise
Jazz.

Schwul & Lesbisch

Cafés, Bars und Clubs befinden sich im Wesentlichen im Dreieck zwischen Boulevard Anspach und Place de la Vieille Halle aux Blés, wer will, kann hier praktisch einen ganzen Abend im Kreise der *gay community* verbringen, während für Frauen das Angebot eher schmal ist.

Belgica (D 3)
32, rue du Marché au Charbon
Métro: Bourse
Friedliches Nebeneinander von Schwulen und Heteros, die unter den Augen der belgischen Könige Zitronengenever oder ein Bier trinken.

Le Cabaret (E 3)
41, rue de l'Ecuyer
Métro: Bourse
Jeden So gibt es im Pacha Musik aus den 60ern und 70ern zum Tanzen bis zum Umfallen. Bevorzugter Ort für Schwule und Lesben, Heteros sind aber ebenso gern gesehen.

Homo Erectus (E 4)
57, rue des Pierres
tgl. ab 12 Uhr
Métro: Bourse
Fröhlicher Ort für Lesben, Schwule und andere zum Abtanzen bis in den frühen Morgen, fast für jedes Alter.

Chez Maman (E 4)
7, rue des Grands-Carmes
Fr–So ab 21 Uhr
Métro: Bourse
Maman empfängt die community mit Wimperngeklimper und high heels. Am Wochenende Show und Travestie.

Tels Quels (D 3)
81, Marché au Charbon
Métro: Bourse
Beliebter Treffpunkt am frühen Abend, wo man sich mit Freunden auf ein Glas verabredet, bevor es auf die Piste geht.

Unterhaltung

Abends an der Place St-Géry

Musikstadt Brüssel

Brüssel ist eine Stadt für Jazz-Liebhaber. Fast jeden Abend finden in kleinerem oder größerem Rahmen Live-Konzerte mit unbekannten und bekannten Musikern statt, auch Belgiens berühmtester Jazzmusiker, Toots Thielemans, besucht seine Heimatstadt regelmäßig, obwohl er schon lange in den USA lebt. Höhepunkt des Jahres ist der dreitägige Jazz-Marathon, eine Idee, die inzwischen in verschiedene andere europäische Städte exportiert werden konnte.

Natürlich sind auch andere Musiksparten groß vertreten: Die Oper hat mit teils sensationellen Inszenierungen europäischen Rang, ihre Ballett-Compagnie hat unter dem Choreografen Maurice Béjart Tanzgeschichte geschrieben. Herausragend sind die klassischen Konzerte, die während des Wettbewerbs Reine Elisabeth gegeben werden, doch auch zu anderen Zeiten kann man Brüssel durchaus als ›Stadt der Musik‹ bezeichnen.

Veranstaltungsprogramme

Neben den großen Theatern gibt es eine Unzahl kleinerer Bühnen, die Stücke in französischer oder niederländischer Sprache aufführen. Programme der Theater, Kinos und Konzertveranstalter, Informationen über Ausstellungen sowie die angesagtesten Bars, Restaurants und Clubs bieten verschiedene Publikationen, die an Kiosken und in Buchhandlungen erhältlich sind:

Kiosque und **Park Mail Pocket:** Monatsprogramm, erhältlich in Buchhandlungen

MAD und **Libre Culture:** Mittwochsbeilage der Tageszeitungen *Le Soir* bzw. *La Libre Belgique*

What's on: Beilage des englischsprachigen Wochenmagazins Bulletin mit Veranstaltungshinweisen in ganz Belgien (www.whatson.be).

www.agenda.be: Die sehr ausführliche Seite informiert (nur auf Französisch und Niederländisch) unter den Stichworten Kino, Theater, Konzert, Flohmarkt *(brocante)*, Kinder, *spectacle* (Oper, Operette, Ballett, Zirkus), Ausstellungen, Clubs und Events über alles, was im ganzen Land an kulturellen Ereignissen ansteht.

www.cinenews.be: Informationen zu aktuellen Filmen nach Titeln oder Kinos

Aktuelle Hinweise zu Kulturevents auch unter **www.dumontreise.de.**

Kartenvorverkauf

Karten erhält man an den Kassen der jeweiligen Theater, im T.I.B. (s S. 22) kann man Karten reservieren lassen. Eine Kartenvorverkaufsstelle gibt es auch im FNAC in der Cité 2 (Place Rogier).

Feste & Festivals

März

Ars musica
Flagey (H 8/9)
www.arsmusica.be
Festival zeitgenössischer Musik mit jungen Musiker und Komponisten.

April

Son et Lumière
Grand-Place (E 4)
April bis Sept. jeden Abend 22–23 Uhr Licht- und Tonvorführungen.

Öffnung der Königlichen Gewächshäuser
Laeken, Königlicher Palast (Nebenkarte Heysel)
Nur knapp zwei Wochen Ende April/Anfang Mai sind die schönen Glashäuser beim Königlichen Palast in Laeken dem Publikum geöffnet. Termine sind beim belgischen Verkehrsamt zu erfragen.

Mai

Concours Reine Elisabeth
www.concours-reine-elisabeth.be
Hochrangiger internationaler Musikwettbewerb im Palais des Beaux-Arts mit jungen Künstlern, jedes Jahr steht ein anderes Instrument im Mittelpunkt der Aufmerksamkeit.

Zinneke-Parade
Alle 2 Jahre am 2. Mai-Wochenende (2008, 2010)
www.zinneke.org
Die Zinneke-Parade ist anders als andere Umzüge: Sie lebt von der Fantasie und dem Engagement der Menschen in den verschiedenen Stadtvierteln. 4000 Teilnehmer in farbenprächtigen Kostümen ziehen durch die Stadt, Künstler beteiligen sich mit Musik, Bildern oder Theatervorführungen.

Kultur für alle: Die Zinneke-Parade

Die Zinneke-Parade ist keine alte Tradition, sondern ein Experiment, das erstmals im Jahr 2000, als Brüssel Europäische Kulturhauptstadt war, aufgesetzt wurde: Sie fordert die kreative Dynamik, die in den Stadtvierteln schlummert, und verwandelt die ganze Stadt in ein riesiges Straßentheater. Der Erfolg des dreitägigen Festes, dessen Höhepunkt eine farbenprächtige Parade bildet, ist auch der Erfolg einer systematischen Kulturarbeit mit Kulturzentren, Theatern, Jugend- und Nachbarschaftshäusern und Vereinen – ein künstlerisches ebenso wie ein soziales Experiment. Explizites Ziel der Initiatoren ist der Kampf gegen Rassismus und Totalitarismus, und die Tatsache, dass sich bei der Vorbereitung Menschen unterschiedlichster nationaler Herkunft mit Eifer beteiligen, gibt ihnen Recht. »Hier ist Platz für jeden, ausgenommen für diejenigen, die das Gegenteil behaupten«, sagt Marcel De Munnynck, der Organisator des bunten Festes.
Und was bedeutet »Zinneke«? Zinneke war einer dieser frechen Straßenköter, zu dessen Stammbaum sämtliche Rassen beigetragen haben, der kein Heim hatte und aus der kleinen Senne *(Zinneke)* trank, dem Fluss, der einst durch Brüssel floss. Die Bezeichnung ging schließlich über auf jemanden, der seine Herkunft aus flämischen, wallonischen, deutschen, italienischen, spanischen, arabischen Wurzeln herleiten kann.

Jazz-Marathon
www.brusselsjazzmarathon.be
Am letzten Mai-Wochenende spielen Jazzbands aller Richtungen in Bars, Tavernen, Cafés und auf verschiedenen Plätzen der Stadt. Mit einem Tages- oder Zweitagesticket hat man Zutritt zu sämtlichen Konzerten.

Juni

Schlacht bei Waterloo
Am Wochenende um den 18. Juni stellen uniformierte Gruppen aus verschiedenen europäischen Ländern die wichtigsten Szenen aus der legendären Schlacht nach.

Couleur Café
Tour&Taxis (nördlich F 1)
www.couleurcafe.be
Ende Juni–Ende Juli auf dem Gelände Tour&Taxis: Musikfestival mit afrikanischer, karibischer und südamerikanischer Musik, Salsa, Afro, Latino, Reggae, Hiphop, Groove uvm., internationalem Essen und Handwerkermarkt.

Juli & August

Ommegang
Grand-Place (E 4)
www.ommegang.be
Historischer Umzug, der an ein Fest zu Ehren Kaiser Karls V. und seines Sohnes Philipp im Jahre 1549 erinnert. Der Kaiser und seine Entourage schreiten in prächtigen Roben über den Platz, die Edlen des Landes folgen ihm gemessenen Schrittes, Gaukler, Feuerschlucker und Stelzengänger unterhalten das Volk, am Ende wird Wein und Kuchen verteilt. Tribünenkarten 40–65 €.

Musiksonntage im Bois de la Cambre
Jeden Sonntag im Juli und August, 11–13 Uhr Jazz- und Klassikkonzerte.

Boterhammen in de Stad
Place d'Espagne (E 4)
www.boterhammenindestad.be
Métro: Bourse
Mitte August, eine Woche lang gratis ab 12 Uhr Konzerte (Klassik, Folk, Jazz, Gypsy, Swing...).

Blumenteppich
Grand-Place (E 4)
Alle zwei Jahre (2008, 2010...) wird im August auf der Grand-Place aus tausenden von Begonienpflanzen ein Blumenteppich mit jeweils unterschiedlichem Motiv ausgelegt, der an die große Tradition der Bildteppichweberei in Brüssel erinnert. In dieser Zeit ist der Balkon des Rathauses zugänglich, von dem aus man den besten Blick auf die vergängliche Pracht hat.

Setzen des Meiboom
Ecke Rue des Sables/Rue du Marais (F 3)
Métro: Brouckère oder Rogier
In Erinnerung an ein Scharmützel zwischen den Brüsselern und den Bewohnern von Leuven im Jahr 1213 wird alljährlich am 9. August, dem Vorabend des Laurentiustages, eine junge Buche aufgestellt. Mit dabei sind die städtischen Riesen Mieke und Janneke, Musikkapellen und Hunderte Zuschauer.

Europalia
Alle zwei Jahre hat ein (nicht zwingend europäisches) Land Gelegenheit, seine kulturelle Vielfalt zu präsentieren. Nächstes Festival: Okt. 2007–Jan. 2008, etwa ein Jahr vorher können Informationen zum Programm abgerufen werden (www.europalia.be).

September

Journées du Patrimoine
Tage des offenen Denkmals: Alljährlich

am 2. Wochenende im September werden historisch oder künstlerisch bedeutsame, sonst nicht zugängliche Bauwerke dem Publikum geöffnet.

Bruegel-Fest
Rue Haute (E5–D7)
2. Septemberwochenende: Umzug und Straßenfest im Viertel Marollen, Flohmarkt, Verkaufs- und Essstände.

November & Dezember

Weihnachtsmarkt
Place Ste-Cathérine (E 3)
Vier Wochen vor Weihnachten, Geschenkartikel, Kerzen, Glühwein.

Oper, Theater, Konzert

Théâtre Royal de la Monnaie / Muntschouwburg (E 3)

Place de la Monnaie
Tel. +32-2-229 12 11
Reservierung +32-2-229 12 00; Kasse: Rue de la Reine, Di–Sa 11–18 Uhr.
www.lamonnaie.be; www.demunt.be
Métro: Bourse
Vielbeachtete Ballett- und Operninszenierungen.

Theatre National (E 2)

115, boulevard Jacmain
Tel. +32-2-203 53 03
www.theatrenational.be
Métro: Rogier
Das neue Theater der Wallonischen Gemeinde Brüssel hat klassische Stücke, aber auch Kabarett und Revuen auf dam Programm.

Kaaitheater (D 1)

2, Quai des Péniches (Akenkaai)
Tel. +32-2-201 59 59
www.kaaitheater.be
Métro: Yser

Tickets zum halben Preis

Karten für Theater-, Opern- oder andere Vorstellungen zum halben Preis, nur für denselben Abend erhält man bei
Arsène 50
13–15, Galérie de la Reine
Di–Sa 12.30–16.30 Uhr
Informationen unter
www.arsene50.be

Zeitgenössische Stücke in flämischer und englischer Sprache.

Conservatoire Royal de la Musique (F 6)

30a, rue de la Régence
Tel. +32-2-213 41 37
www.conservatoire.be
Bus 34, 48, 95 bis Grand Sablon
Klassische Konzerte, manchmal auch Jazzabende.

Palais des Beaux Arts / Paleis voor Schone Kunsten (F 5)

23, rue Ravenstein
Tel. +32-2-507 82 00
www.bozar.be
Métro: Gare Centrale
Führung So 12 Uhr
Victor Horta errichtete 1922–1928 das Kulturzentrum mit Konzert-, Theater- und Ausstellungsräumen, in dem auch das Kinomuseum untergebracht ist. Hinter der strengen Fassade in neoklassizistischen Formen tut sich ein Meisterwerk der Zwischenkriegszeit auf. Seit der Renovierung kommen die unangestrengt eleganten, in kühlen Art-déco-Formen gestalteten Veranstaltungssäle wieder zur Geltung. Klassik, Jazz, Weltmusik, wechselnde Ausstellungen, Ballett, Theater, Kino.

Théâtre Royal du Péruchet (südlich F 10)

50, avenue de la Forêt (Ixelles)
Tel. +32-2-673 87 30
www.theatreperuchet.be
Bus 94 bis Brésil
Puppentheater im Marionettenmuseum.

Théâtre Royal de Toone (E 4)

6, impasse Schuddeveld
Tel. +32-2-511 71 37
www.toone.be
Métro: Bourse
Kleines Puppentheater mit Stücken in Französisch, Niederländisch, *Bruxellois,* manchmal auch Englisch oder Deutsch. In der Pause hat ein altes *estaminet* geöffnet, das mit Gueuze und belegten Broten aufwartet.

Flagey (H 8/9)

Place Ste-Croix
Tel. + 32-2 641 10 20
www.flagey.be
Tram 81, 82: Flagey
Das alte Institut National de Radio-Diffusion mit den horizontal umlaufenden gelben Backsteinbändern zwischen den breiten Fenstern, den abgerundeten Ecken und dem im gleichen Design sich fortsetzenden Turm bekam nach seiner Vollendung 1938 den treffenden Namen *paquebot,* »Frachter«. Es beherbergt das einst technisch fortschrittlichste Studio der Welt. Noch heute gilt das in Art déco gehaltene Studio 4 als das beste des ganzen Landes. Nachdem jahrelang um seine Verwendung gestritten und es beinahe abgerissen wurde, konnte es inzwischen gerettet werden und dient als viel besuchtes Kulturzentrum. Hier finden viele Jazzkonzerte statt, aber auch Klassik, Weltmusik, Volksmusik, Kino. Das Café ist einer der beliebtesten Treffpunkte der Stadt.

Music Village

Veranstaltungsorte

Ancienne Belgique (E 4)
110, bd. Anspach
Tel. +32-2-548 24 24
www.abconcerts.be
Pop-, Rock- und Blues-Konzerte in zwei Sälen, im Brootje Club treten junge belgische Gruppen auf.

Botanique (G 2)
336, rue Royale
Tel. +32-2-218 37 32
www.botanique.be
Die einstigen Gewächshäuser bieten einen ungewöhnlichen und stilvollen Rahmen für Konzerte klassischer und moderner Musik.

Cirque Royale (G 3)
82, rue de l'Enseignement
Tel. +32-2-218 20 15
Rock- und Jazzkonzerte.

Forest National
36, av. du Globe
Tel. +32-2-340 21 11
www.forestnational.be
Mit 7000 Plätzen die größte Veranstaltungshalle Belgiens, hier finden alle großen Rock-, Pop- und Jazzereignisse statt.

Les Halles de Schaerbeek (H 1)
31, rue Royale Ste-Marie
Tel. +32-2-218 21 07
www.halles.be
Tram 92, 93, 94 bis Ste-Marie
In der umgebauten Markthalle von 1865 wurde ein Kulturzentrum eingerichtet: Rock, Pop, Theater, modernes Ballett, Chansons u.v.m.

The Music Village (F 4)
50, rue des Pierres
Tel. +32-2-513 13 45
www.themusicvillage.be
Métro: Bourse
Jazz, Rock, Blues, Afro und Latino. Do, Fr, Sa ab 19 Uhr Live Konzerte mit belgischen und internationalen Musikern, So ab 11 Uhr Jazz Brunch.

Kino

Kinogänger mit der Vorliebe für Filme in Originalversion sind hier am richtigen Platz, denn etwa die Hälfte der internationalen Kinoproduktion läuft VO, *version originale,* mit Untertiteln.

Actor's Studio (E 4)
16, Petite rue des Bouchers
Tel. +32-0900 27 854
Kleines altmodisches Filmkunstkino im Zentrum, auch englische Filme.

Arenberg Galéries (F 4)
26, Galérie de la Reine
Tel. +32-2-512 80 63
www.arenberg.be
Neue französische Filme, jeden Do 21.30 Uhr Sneak Preview – ein brandneuer Film, der vorher nicht angekündigt wird.

Aventure (E 3)
Galéries du Centre
Tel. +32-2-219 17 48
Die Filme, die hier laufen, sind selten brandneu, eine gute Gelegenheit, einen leider versäumten Blockbuster nachzuholen.

Musée du Cinéma (F 5)
Filmmuseum im Palais des Beaux-Arts
9, rue Baron Horta
Tel. +32-2-507 83 70
www.ledoux.be
Stummfilme mit Klavierbegleitung, Meisterwerke des Schwarzweißfilms, Retrospektiven, Reihen zu bestimmten Themen oder Regisseuren.

Kinépolis (Nebenkarte)
Bruparck
20, bd. du Centenaire
Tel. +32-0900 00 555
www.kinepolis.be
Métro: Heysel
Riesige Kinomaschine mit 20 Sälen, darunter eine Imax-Projektion auf 600 m^2 großer Leinwand, Filme in Englisch, Französisch und Niederländisch.

UGC de Brouckère (E 3)
38, place de Brouckère
Tel. +32-900-10 440
www.ugc.be
In acht Sälen aktuelle Hollywood-Produktionen oder große französische Filme.

Zoo

Planckendael
582, chaussée de Louvain
Muizen-Mechelen
(E 19, Ausfahrt Nr. 11)
www.planckendael.be
Sommer tgl. 10–19,
Winter tgl. 10–16.45 Uhr
Eintritt 13/8.50 €
Großer Tierpark mit vielen geräumigen, naturnahen Freigehege und regelmäßigen Events für Kinder und Erwachsene.

Freizeitparks

Bruparck
20, avenue du Centenaire, Heysel
Metro: Heysel
Zu Füßen des Atomium breitet sich ein künstliches Paradies aus mit IMAX-Kino, Schwimmbad, ›Le Village‹, einer Ansammlung von Fast-Food-Lokalen und Boutiquen, und vor allem **Mini Europe,** einem Miniaturpark, in dem auf einer Fläche von 2 ha die berühmtesten Gebäude, Denkmäler und Landschaften Europas im Verhältnis 1 : 25 nachgebaut wurden. Züge sausen umher, Schiffe ziehen ihre Spur auf künstlich angelegten Wasserstraßen, LKWs warten an roten Ampeln und starten, sobald die Lichter umschalten, und in der Arena von Sevilla beobachten 6000 Figürchen einen Stierkampf. Auf Knopfdruck stürzt die Berliner Mauer ein oder eine Seilbahn bewegt sich Richtung Montmartre.

Six Flags Belgium
Wavre (20 km südöstlich von Brüssel, E411, Ausfahrt Nr. 7 bzw. Zug Richtung Louvain-la-Neuve bis Station Bierges)

Unterwegs mit Kindern

Sehenswertes

Ein Stadtspaziergang, bei dem alle Sehenswürdigkeiten systematisch abgehakt werden, ist für Kinder sicher wenig reizvoll, es sei denn, es gibt unterwegs Interessantes zu entdecken: Zum Beispiel die oft versteckten Hauszeichen an den Häusern der Grand-Place, oder die an allen möglichen Wänden erscheinenden Comics. Auch das Manneken Pis und seine Garderobe im Stadtmuseum finden Kinder faszinierend – und wer findet Janneke Pis und Zinneke Pis? Nicht versäumen: Das Atomium. Am Fuß der bizarren Skulptur lockt Mini-Europe mit Modellen europäischer Sehenswürdigkeiten, beweglichen Teilen wie der einstürzenden Berliner Mauer oder einer Seilbahn auf den Vesuv. Bei schönem Wetter lockt der Bois de la Cambre, dessen südlicher Teil am Sonntag für den Verkehr gesperrt ist. Wer den Aufenthalt vorab sorgfältig plant, kann den Besuch des Ommegang, der Zinneke-Parade oder des Marollenfestes als Hohepunkt der Reise genießen.

Museen

Bei Regenwetter sorgen interessante Museen für Abwechslung: etwa das Scientastic in der Metro-Station Bourse, ein Wissenschaftsmuseum mit faszinierenden optischen Illusionen (S. 99), oder das Musikinstrumentenmuseum, durch das man mit einem Kopfhörer spaziert und die interessantesten Klangbeispiele hört (S. 99). Das Comic-Museum (S. 96) sollte ohnehin bei keinem Brüssel-Besuch fehlen, darin gibt es für Comic-belesene Kinder allerlei zu entdecken, auch wenn sie die Sprache nicht verstehen. Ebenfalls einen Besuch lohnen Autoworld (S. 98) mit schnittigen Straßenkreuzern und klitzekleinen Tretautos sowie das Naturwissenschaftliche Museum mit Saurierskeletten und allerlei mehr am Parc Léopold. Den Besuch des Schokoladenmuseums (S. 98) an der Grand-Place wird sich wohl kaum ein Kind entgehen lassen.

Ausflüge

Das Besucherzentrum von Waterloo zeigt einen auch für Kinder interessanten Film über die berühmte Schlacht und lockt außerdem mit einem Wachsfigurenmuseum. Im Flämischen Wissenschaftszentrum Technopolis bei Mechelen kann man an einem Flugsimulator spielen, riesige Seifenblasen blasen und vieles mehr (www.technopolis.be). Und wenn nur noch Spielen angesagt ist: In Kessel-Lo östlich von Leuven gibt es einen großen Erholungspark mit Bötchenfahren, Radwegen, Baumhäusern, riesigen Sandkästen, Schwimmbecken, Cafés ...

Übernachten

Die preiswerteren Hotels bieten oft Drei- und Vierbettzimmer an, in denen die ganze Familie unterkommt. Ansonsten ist es auf Anfrage meist möglich, ein Extra-Bett ins Zimmer stellen zu lassen.

Essen gehen

Kaum ein Kind wird sich weigern, einer der berühmten Frittenbuden einen Besuch abzustatten. Auch die Brüsseler Waffeln sind mehr als kindgerecht, und die in den Cafés servierten Sandwiches und Suppen sind bestimmt ebenfalls problemlos. Eine Mutprobe ist allerdings das Probieren einer Seeschnecke (S. 37), wie sie an Straßenständen verkauft werden.

Aktiv in Brüssel

Geübte Skater nehmen die Treppe so!

Eislaufen

Forest Nationale
36, avenue du Globe
Sept.–April Mo–Do 8.30–17, Fr 8.30–17, 20–23, Sa, So 10–18 Uhr.

Eisbahn in der Stadt
In der Vorweihnachtszeit wird auf der Place Marché aux Poissons eine Open-Air-Eisbahn aufgebaut, mit Glühweinständen und Musik – ein großer Spaß für Kinder und Erwachsene.

Golf

Brussels Golf Club
53a, chaussée de la Hulpe
1180 Bruxelles
Tél. +32 2 672 22 22
www.brusselsgolfclub.com
9-Loch-Platz, Driving Ranges teilweise überdacht, Kurse, Greenfee 35–50 €.

Joggen

Verschiedene Parks bieten sich für eine kürzere oder längere Joggingrunde an: Parc du Cinquantenaire, das Gelände um die Weiher von Ixelles, der Bois de la Cambre mit vielen, teilweise ziemlich steilen Hügeln, sowie das Waldgelände in Tervuren und der Forêt de Soignes am südlichen Stadtrand.

Radfahren

Radfahren durch Brüssel kann nicht unbedingt empfohlen werden: Unberechenbare Autofahrer, Schlaglöcher und unendlich viele Baustellen machen einem das Leben sauer.

ProVélo (G 6)
13–15, rue de Londres (Ixelles)
Tel. +32-2-502 73 55
www.provelo.org
Verleih von Fahrrädern, geführte Radtouren durch Stadt und Umland.

Roller blades

Roller Parade
Im Sommer findet jeden Freitag eine Roller Parade statt, bei der jeder, der Lust hat, auf einer für Autos gesperrten Strecke durch die Stadt sausen kann. Guides helfen bei Pannen und abschüssigen Strecken. Wer die Skates noch nicht richtig beherrscht, kann im Bois de la Cambre Unterricht nehmen (Sa, So 11–17 Uhr). Aktuelle Zeiten und Treffpunkte unter www.rouliroula.com oder www.belgiumrollers.com.

Schwimmen, Sauna, Hamam

Océade (Nebenkarte)

Bruparck
20, boulevard de Centenaire
www.oceade.be
im Sommer 10–21 Uhr, Sept–März Mi–Fr 10–12, Sa. So 10–21 Uhr
Metro: Heysel
Großes Hallenbad mit Riesenrutsche, wellenbad, Whirlpools etc., außerdem Sauna und Dampfbad.

Complexe Sportif Woluwe-Saint-Pierre (westlich M 4)

2, avenue Salomé
Tel. +32-02-773 18 20
www.sportcity-woluwe.be
tgl. 8–18.30 Uhr
Tram 39 bis Rue au Bois
50-Meter-Becken mit 8 Bahnen, extra Bereiche zum Tauchen und für Kinder, Solarium, Sauna, Café.

Hamam Salem

36, chaussée de Gand
Tel. +32-02-410 61 71
Metro: Porte de Flandre
tgl. 12–21.30
Traditioneller Hamam, Damen und Herren getrennt.

Poséidon

2, avenue des Vaillants (Woluwé Saint-Lambert)
Tel. +32-2-771 66 55
Métro: Tomberg
Lange Bahnen (25 m), außerdem Sauna, Hammam, Solarium, Squash- und Tennisplatz.

Aqualibi

Im Freizeitpark Six Flags Belgium
Wavre
(20 km südöstlich von Brüssel, E411, Ausfahrt Nr. 7 bzw. Zug Richtung Louvain-la-Neuve bis Station Bierges)
www.sixflagseurope.com
Tropische Wasserlandschaft mit 140 m langen Rutschen, Wildwasserbahn, Wasserfällen, Bar und Restaurant – ein Spaß- und Entspannungsprogramm für einen ganzen Tag.

Passiv in Brüssel

Spiegelbild in Schaerbeek

Sehenswert

Wie die meisten europäischen Stadte ist Brüssel kein homogenes Ganzes, sonders besteht aus einzelnen Gemeinden, die jeweils einen eigenen Charakter, ein eigenes Gesicht haben. In Brüssel haben diese insgesamt 19 Gemeinden dazu sehr weitgehende verwaltungstechnische Kompetenzen und legen großen Wert auf ihre Selbstständigkeit. Viele Fragen der Stadtplanung liegen im Zuständigkeitsbereich der *bourgmestres,* nur wenige kommunale Aufgaben, wie etwa Müllabfuhr oder Feuerwehr, werden von allen oder zumindest einigen Gemeinden gemeinsam wahrgenommen. Alle zusammen bilden den Verwaltungsbezirk Bruxelles-Capitale, der erst seit 1993 eine kommunale Einheit darstellt.

Das Fünfeck

Die wichtigsten Sehenswürdigkeiten liegen innerhalb des *Pentagone/Vijfhoek,* des Fünfecks, das von den mehrspurigen Boulevards, die den Autoverkehr rund ums Zentrum führen, beschrieben wird. In diesem Bereich liegen nicht nur die Grand-Place und der alte Hafen, sondern auch die elegante Oberstadt und das alte Arbeiterviertel Marollen. Wer zum ersten Mal in Brüssel ist, wird dieses Fünfeck kaum verlassen, so viele interessante Gebäude, Plätze und Museen gibt es hier zu sehen.

Außerhalb des Zentrums

Im Norden Brüssels, in Laeken, wohnt der König. Wie viele Brüsseler Bürger hat er seine Wohnung im Grünen und fährt nur zum Arbeiten in die Stadt. Ganz in der Nähe liegt das Plateau von Heysel mit Messegelände, Vergnügungspark Bruparck, dem Fußballstadion sowie dem frisch aufpolierten Wahrzeichen der Stadt, dem Atomium. Der Süden ist ebenfalls ein begehrtes Wohnviertel, hier liegen die Jugendstilviertel Ixelles, St-Gilles und, ganz schick, Uccle. Im Osten liegt Europa, hier schießen immer neue Verwaltungsgebäude in die Höhe und fressen sich in das hübsche Leopoldviertel mit seinen alten Bürgerhäusern. Anderlecht im Südwesten ist ein traditionelles Arbeiterviertel (mit berühmtem Fußballverein), die einzige Gegend, in der das Flämische überwiegt.

Stadtviertel

Ilôt sacré / Vrije Gemeente (E/F 4)

»Heiliges Inselchen« bzw. »Freie Gemeinde« heißt der Bezirk im unmittelbaren Stadtzentrum, der die Grand-Place und das umliegende Karree von kleinen Gassen und Plätzen einschließt. Viele historische Gebäude stehen unter

Denkmalschutz, andere sind ›aufgehübscht‹, renoviert, restauriert, um-, aus- und sogar neugebaut und dem ursprünglichen Stil nur mehr angeglichen. Unzählige Kneipen und Restaurants ziehen Touristen und Brüsseler an.

Oberstadt (F/G 3/4)

80 m über der Altstadt liegt die Oberstadt, die man über eine schöne Treppenanlage erreicht. Hier befinden sich das Königliche Schloss und die einstigen Adelspalais sowie einige der interessantesten Museen, und zwischen den neo-klassizistischen Fassaden leuchtet so manches Jugendstil-Juwel. Zu wohnen scheint niemand hier: Büros, Behörden, Ämter haben die Palais entkernt und bezogen.

Die Marollen (E 5/6)

Der Flohmarkt auf der Place du Jeu de bal ist einer der berühmtesten in Belgien, doch rund um den Platz haben sich bereits schicke Antiquitätengeschäfte etabliert. Das alte Arbeiter- und Armenviertel, in dem alle wichtigen sozialen Bewegungen ihren Anfang nahmen, verändert sich. Während die alt eingesessenen *Marolliens* abwandern, ziehen in die Mietskasernen Marokkaner, Tunesier und Schwarzafrikaner ein und drücken dem Viertel ihren Stempel auf. Zugleich lässt sich beobachten, dass hier langsam ein In-Viertel entsteht, dessen Kneipen und Geschäfte eine betuchtere Klientel anziehen.

Ixelles und St-Gilles (D–G7/8)

In diesen ehemaligen Dörfern ließen sich an der Wende zum 20 Jh. Anwälte, Industrielle und Künstler ihre Häuser bauen. Hier haben sich die schönsten und interessantesten Jugendstilbauten erhalten, hier finden sich auch Dutzende von avantgardistischen Restaurants, Cafés, Clubs und Kneipen.

Quartier Léopold (H/J 5/6)

Um noch etwas zu sehen vom Quartier Léopold muss man sich beeilen, bald wird es von den Bauten der Eurokratie vollkommen aufgefressen sein. Noch gibt es charmante Plätze hier wie die Place du Luxembourg mit dem ältesten noch existierenden Bahnhofsgebäude in ganz Belgien oder die Place Jourdain mit vielen Cafés und Bistros.

Anderlecht

Im Arbeiterviertel Anderlecht finden sich noch viele Zeugnisse mittelalterlicher Baukunst, aber auch Industriebauten wie die Abattoirs/Slachthuizen, die städtischen Schlachthäuser. In der angeschlossenen Markthalle von 1890 mit dem kühn geschwungenen Glasdach wird am Wochenende ein beliebter Trödelmarkt abgehalten.

Schaarbeek / Schaerbeek (G/H 1)

In dem Viertel am Ende der Rue Royale leben einerseits, in den nicht renovierten Häusern, viele Nordafrikaner, die an den Straßenecken Gemüsemärkte aufbauen, andererseits werden viele der schönen Gründerzeithäuser gerade renoviert und bieten Wohnungen für junge, wohlhabende Rechtsanwälte, Redakteure und Werbeleute. Kulturell tut sich allerhand, z. B in den alten Markthallen, die als Kulturzentrum umgestaltet wurden. Der Parc Josaphat mit vielen Skulpturen lädt zur Promenade.

Uccle / Ukkel (südlich E/F 8)

In der wohlhabendsten Gemeinde Brüssels mit großen Grünflächen liegen viele interessante Restaurants, schicke Läden und die teuersten Clubs.

Bauwerke, Straßen und Plätze

Abbaye de la Cambre / Abdij ter Kameren (H 10)

Rue E. Duray
Bus 71 bis G. Bernier
Das mittelalterliche Zisterzienserkloster am südlichen Ende der Weiher von Ixelles wurde im Jahre 1201 gegründet. Die gotische Klosterkirche aus dem 14. Jh. – ohne Turm, nur mit einem bescheidenen Dachreiter – hat im rechten Querhaus noch einige romanische Mauerreste des Vorgängerbaus bewahrt. Die Klosterbauten, die sich um einen Hof herum gruppieren, sind ein Werk des Barock, sie wurden 1760 erbaut – nur 36 Jahre, bevor das Kloster aufgehoben und zunächst als Armenhaus, später als Militärschule genutzt wurde. In einem Trakt befindet sich heute das Nationale Geographische Institut, im anderen die Hochschule für Gestaltung.

Atomium (Nebenkarte Heysel)

Boulevard du Centenaire
www.atomium.be
tgl. 10–18 Uhr, Eintritt 9 €
Métro: Heysel
Das Wahrzeichen der Weltausstellung von 1958, das die 165-milliardenfache Vergrößerung eines Eisenmoleküls darstellt, wurde zum Symbol für Brüssel, wenn nicht für ganz Belgien. Es besteht aus neun untereinander verbundenen Kugeln, die einen auf der Spitze stehenden Würfel umschreiben. Ein Aufzug bringt Besucher zur obersten Kugel, von wo sich ein herrlicher Panoramablick über die ganze Stadt und den Park von Laeken öffnet. In den anderen Kugeln, die durch Rolltreppen miteinander verbunden sind, sind Dauer- und Wechselausstellungen zu sehen, eine Kugel ist Kindergruppen vorbehalten. Der skurrile Bau, der eigentlich nur für die Dauer der Weltausstellung stehen bleiben sollte, war nach 45 Jahren deutlich gealtert und wäre beinahe abgerissen worden. Die Komplettsanierung wurde im Februar 2006 abgeschlossen.

Basilique Nationale du Sacré-Cœur / Basiliek van Koekelberg (nördlich C 1)

Parvis de la Basilique du Sacré-Cœur
im Sommer tgl. 9–17, im Winter tgl. 10–14 Uhr, Zugang zur Kuppel 3 €
Métro: Simonis
Etwas abseits, doch im Panorama der Stadt durchaus präsent, ist die Basilika von Koekelberg. 1905 wurde der Grundstein gelegt, erst 74 Jahre später war sie vollendet. Wie der Justizpalast hat auch dieser Bau gewaltige Ausmaße: 89 m hoch, 167 m lang, 108 m breit. Die neoromanischen Formen sind auch von Expressionismus und Art déco beeinflusst – eine an sich reizvolle Mischung, die freilich an ihrer Monumentalität krankt. Im Innern wirkt der riesige Raum sehr kühl, fast geschäftsmäßig. Bündelpfeiler aus poliertem Stein, eine Vielzahl von Seitenkapellen und eine Galerie machen ihn trotz seiner Leere unübersichtlich, ganz in der Ferne, am Altar, erhebt sich die über 4 m hohe Herz-Jesu-Statue (1941). Aus der Kuppel kann man einen traumhaften Blick über Brüssel genießen.

Börse (E 4)

2, rue H. Maus
Métro: Bourse
1873, mitten in einem rauschhaften wirtschaftlichen Aufstieg, entstand dieser Tempel des Kapitals mit korinthischen Säulen und einer gewaltigen Kuppel. In geradezu atemberaubender

Ungeniertheit huldigt er dem Wohlstand. Die steinernen Girlanden hängen schwer von Früchten, fette Putten führen mit Hammer und Amboss, Schubkarren und Schaufeln den Gewerbefleiß vor, eitel spreizen sich fast nackte Frauengestalten in den Nischen. An der Spitze dieses Kosmos steht die Figurengruppe im dreieckigen Giebelfeld: »Belgien, begleitet von Handel und Industrie«. Unter dem Bau sind noch die Fundamente eines 1238 gegründeten **Franziskanerklosters** zu besichtigen. 1988 wurden seine Ruinen zum Teil freigelegt und können durch eine Glasscheibe betrachtet werden.

Bruegelhaus (E 6)

132, rue Haute
Besichtigung nur auf schriftliche Anfrage möglich
Métro: Porte de Hal
In dem roten Backsteinhaus an der Ecke zur Rue de la Porte Rouge lebte der Maler Pieter Bruegel d. Ä. von 1563 bis zu seinem Tod 1569.

Chapelle de la Madeleine (F 4)

21, rue de la Madeleine
Mo–Sa 7.30–20, So 7.30–12, 17–20 Uhr
Métro: Gare Centrale
Das gotische Gotteshaus mit modernen Glasfenstern fällt wegen der barocken Fassade auf, die dem Marché aux Herbes zugewandt ist. Sie gehörte einst zu einer Annenkapelle, die den Umbaumaßnahmen der 50er Jahre zum Opfer fiel, nur das künstlerisch wertvolle Portal wurde der hl. Magdalena in Obhut gegeben.

Cinquantenaire (K/L 5)

Métro: Mérode
Zum 50. Geburtstag des belgischen Staates im Jahr 1880 entstand eine ehrgeizig geplante Anlage: ein Park, große Ausstellungshallen in Glas-Eisen-Konstruktion, in denen der wirtschaftliche und industrielle Aufschwung dokumentiert wurde, sowie Kolonnaden und der Triumphbogen – der zu den Feierlichkeiten allerdings nur eine vor-

Neoklassizistischer Finanztempel – die Börse

läufige Kulisse aus Holz und Leinwand war. Erst zum 75. Geburtstag des Staates konnte der Bau tatsächlich in Stein ausgeführt werden: ein dreibogiges Tor, auf dem eine bronzene Quadriga mit einer allegorischen Frauengestalt (Brabant mit der Fahne Belgiens) thront. Vor allem nachts, im Scheinwerferlicht, gibt das Ensemble ein festlich-majestätisches Bild ab.

Cité Reine Astrid (D 6)

Rue Blaes
Métro: Porte de Hal
Mitte des 19. Jh. wurden die Marollen von Grund auf saniert, um die teilweise katastrophalen hygienischen Zustände zu verbessern. Die Rue Blaes wurde als Licht- und Luftschneise durch das Gewirr enger Gassen und feuchter Häuser geschlagen. Einzigartiges Beispiel für sozialen Wohnungsbau in den Marollen ist die Cité Reine Astrid, ein durch Höfe, Gassen und Torbögen gegliederter Wohnblock, der 1914 erbaut wurde. Balkone und Loggien, unterschiedliche Fensterformen und in verschiedenfarbigem Backstein gelegte Muster lassen den Bau aus der ansonsten grauweißen Umgebung vorteilhaft herausstechen.

Virtueller Spaziergang durch Brüssel

Bruxelles en scène (E/F 4)
13/15, Galérie de la Reine
www.bruxelles-enscene.be
Di–Fr 14–18,
Sa, So 11–18 Uhr,
Eintritt 6 €
Métro: Bourse
Im Untergeschoss der Galéries Royales kann man einen virtuellen Spaziergang durch Geschichte und Gegenwart der Stadt unternehmen.

Colonne du Congrès / Kongreszuil (G 3)

Rue Royale
Tram 92, 93, 94 bis Congrès
Die fast 40 m hohe Säule, auf deren Spitze die Figur König Leopolds I. steht, erinnert an den verfassunggebenden Kongress des Jahres 1831, das Ewige Licht brennt für den unbekannten Soldaten. Joseph Poelaert, der Architekt des Justizpalastes, hat die Säule entworfen und mit Sinn für theatralische Wirkung auf eine große, eigens aufgeschüttete Esplanade gestellt.

Highlight 5

Galéries Royales St-Hubert (F 4)

Marché aux Herbes
Métro: Bourse
»Omnia omnibus«, »Allen alles« lockt eine goldglänzende Inschrift über dem pompösen Eingang zu den Königlichen Galerien, für die 1846 der Grundstein gelegt wurde. Bis heute hat die Passage nichts von ihrer Anziehungskraft verloren. Die hohen neoklassizistischen Fassaden mit Arkadenbögen und Säulen, das luftige Dach aus Glas und Eisen, die aus den Nischen herabblickenden Figuren und die harmonischen Proportionen schaffen einen angenehmen Rahmen für einen Bummel. Die großen Schaufenster geben den Blick frei auf Handtaschen, Bücher, Designermöbel und Schmuck, Cafés und Restaurants laden zu einer Ruhepause.

Glasüberdachte Ladenpassage – die Galéries Royales St-Hubert

Sunday

Prächtige Fassaden auf der Grand-Place

Grand Hospice / Grootgodshuis Pacheco (E 2)

12, rue du Grand-Hospice
Métro: Sainte-Cathérine
1824–1826 baute man in den Gärten des früheren Beginenhofs ein Armenhaus für Männer, einen strengen neoklassizistischen Bau, dessen Stil auch auf die Häuser der baumbestandenen Rue de l'Infirmerie ausstrahlt. Als Altenheim bietet es heute mit seinen zwei Innenhöfen eine beschauliche Oase in der hektischen Großstadt, deren Ruhe auch die zwei Dudelsack blasenden Bruegelfiguren vor dem Eingang nicht stören.

Highlight 6

Grand-Place / Grote Markt (E 4)

Métro: Bourse
Die Grand-Place ist der überaus prächtige Empfangssalon Brüssels, der schönste Platz der Welt – glaubt man den Brüsselern. An drei Seiten ist er gesäumt von prächtigen barocken Zunfthäusern, an der vierten von der fein gearbeiteten gotischen Fassade des Rathauses. Die unerschöpfliche Vielfalt des Fassadenschmucks und der Giebelformen sind zu einem Ensemble von großer Harmonie zusammengewachsen. Schon im Jahr 1200 standen hier die Tuchhalle, die Brot- und die Fleischhalle. Die Zünfte errichteten ihre Versammlungshäuser und gestalteten sie immer kostbarer aus. In der heutigen Form entstand der Platz nach der Bombardierung der Stadt durch die Truppen des französischen Königs im August 1695. Innerhalb von fünf Jahren bauten die Brüsseler ihren Hauptplatz wieder auf – schöner als je zuvor. Freilich sind die Häuser längst nicht mehr bewohnt, nur noch Banken und Restaurants können sich die exklusive Lage leisten.

Fast die gesamte Südwestseite des Platzes nimmt das gotische **Rathaus** mit dem hohen, spitzen Turm ein (s. S.

88). Das Haus gegenüber, die **Maison du Roi / Broodhuis** beherbergt das Brüsseler Stadtmuseum (s. S. 98). Die prachtvollste, am reichsten geschmückte und meistfotografierte Seite des Platzes ist die Nordwestseite. Triumphiert hier an der Häuserfront ausufernde Formenvielfalt, so ist die gegenüberliegende Platzseite mit dem **Haus der Herzöge von Brabant** (Maison des Ducs de Brabant) von beeindruckender Einheitlichkeit.

7

Highlight

Grand-Sablon / Grote Zavel (E 5)

Bus 34, 48, 95 bis Grand Sablon

Der Grand-Sablon / Grote Zavel ist einer der Lieblingsplätze der Brüsseler. Das liegt nicht nur daran, dass hier jedes Wochenende ein hervorragender Antiquitätenmarkt stattfindet. Die Häuser, die den Platz säumen, wirken wie ein Panorama der Baugeschichte der Stadt, und da es über die Jahrhunderte hinweg stets die wohlhabenden Bürger und Adligen waren, die hier bauten, lassen sich die schönsten Formen aus Renaissance, Barock und Klassizismus entdecken. Fast in jedem Haus ist ein Restaurant, eine Bar oder ein Café eingerichtet, von einem belegten Brot bis zum Dutzend Austern ist alles zu haben.

Haus des Architekten Cauchie (M 6)

5 b, rue des Francs
Tel. +32-2-673 15 06
Besichtigung 1. Wochenende des Monats 11–13, 14–18 Uhr
Métro: Mérode

Im Jahr 1905 entwarf der Maler, Kunsthandwerker, Innenarchitekt und Baumeister Paul Cauchie dieses Haus mit angeschlossenem Atelier. Es entstand ein sehr geometrisches Haus, dessen herausragendes Merkmal ein fast die ganze Fläche des obersten Stockwerks einnehmendes Sgraffitobild ist. Das mit einer speziellen Technik in den farbigen Putz gekratzte Bild stellt acht Musen dar, die neunte steht mit erhobenen Armen zwischen den beiden Fenstern des ersten Stocks.

Haus des Malers Saint-Cyr (K 4)

11, square Ambiorix
Métro: Schuman

Exzentrisches Bauen auch mit geringen Mitteln ist möglich, das bewies Gustave Strauven mit diesem Haus 1903. Die extrem schmale Fassade, nur knapp 4 m breit, ist pures Dekor, hinter dem architektonische Strukturen zurücktreten. Nach oben zu scheint das Haus sich in einem Blütenkelch zu vollenden, und ein Gespinst von kunstvoll geschmiedeten Gittern an Balkon, Gartentor und Giebelbekrönung tut ein übriges, die Konturen der Fassade aufzulösen.

Hôtel Ravenstein (F 5)

Montagne de la Cour
Métro: Gare Centrale

An der Ecke Rue Mont de la Cour / Rue Coudenberg steht eines der ältesten Gebäude Brüssels. Der rötliche Backsteinbau mit Treppengiebeln und hellen Fenstereinfassungen konnte sich fast als einziges Gebäude aus der Burgunderzeit herüberretten.

Hôtel Solvay (G 9)

224, avenue Louise
Tram 93,94 bis Lesbroussart

Victor Horta errichtete das Hôtel Solvay 1894–1898 als luxuriöses Wohnhaus

La Chaloupe d'Or
De Gulden Boot
La Chaloupe d'Or
La chaloupe d'or
De gulden boot

Die Häuser der Grand-Place

1–2: Le Roi d'Espagne / den Coninck von Spaignien (Der König von Spanien), 1697; Zunfthaus der Bäcker. Die Büste des spanischen Königs Karl II. ist in der Mitte der zweiten Etage zu sehen, auf der Kuppel stößt Fama, die Göttin des Ruhms, in die Posaune.
3 La Brouette / den Cruywagen (Die Schubkarre), Zunfthaus der Händler für Geflügel, Milch und Butter, in der Giebelnische ihr Schutzpatron, der hl. Ägidius.
4 Le Sac / den Sak (Der Sack), 1644; Zunfthaus der Fassbinder und Tischler, über der Tür ein Sandsteinrelief mit einem Mann, der in einen Sack kriecht – eine Warnung vor allzugroßer Gier?
5 La Louve / de Wolvin (Die Wölfin), Zunfthaus der Bogenschützen, auf dem Giebel Phoenix, der sich aus der Asche erhebt.
6 Le Cornet / de Hoorn (Das Füllhorn), Zunfthaus der Binnenschiffer, der Giebel bildet das Heck jener Schiffe nach, die im 18. Jh. auf der Senne verkehrten.
7 Le Renard / de Vos (Der Fuchs), 1699; Haus der Krämer
8 L'Etoile / de Ster (Der Stern), 14. Jh., 1897 wieder aufgebaut; Haus des *amman* (Magistrat, Richter), kleinstes und ältestes Haus des Platzes, in der Arkade Gedenktafeln für Everard 't Serclaes und Bürgermeister Charles Buls.
9 Le Cygne / de Zwan (Der Schwan), 1698; Haus des Kaufmanns Pierre Fariseau, ab 1720 Haus der Metzger, Mitte des 19. Jh. Sitz des Brüsseler Deutschen Arbeitervereins, der von Karl Marx und Friedrich Engels gegründet worden war, heute eines der exklusivsten Restaurants der Stadt.
10 L'Arbre d'Or / de Gulden Boom (Der Goldene Baum), 17. Jh.; Haus der Färber und Polsterer, später der Brauer, Sitz des Brauereimuseums
11 La Rose / de Roos (Die Rose), Haus der Familie van der Rosen
12 Le Mont Tabor / de Berg Tabor (Der Berg Tabor), Haus eines Kaufmanns
13–19 Maison des Ducs de Brabant (Haus der Herzöge von Brabant), 1698; sechs Häuser hinter einer Fassade, über den Eingängen Kartuschen mit den alten Hauszeichen, an der Fassade Büsten von Brabanter Herzögen
20 Le Cerf / het Hert (Der Hirsch), Haus des Steinschneiders Gilles van den Eynde
21–22 Joseph et Anna, zwei Häuser hinter einer Fassade
23 L'Ange / den Engel (Der Engel), Haus eines Porzellanhändlers
24–25 La Taupe (Der Maulwurf) und **La Chaloupe d'Or / de Gulden Boot** (Die Goldschaluppe), Haus der Schneider
26–27 Le Pigeon / de Duiv (Die Taube), vormals Haus der Maler, nach der Zerstörung Haus des Baumeisters Pierre Simon
28 La Chambrette de l'Amman / het Ammanskamerke (Das Ammanskämmerchen), Haus eines Fayencenkaufmanns
34 Le Heaume / de Helm (Der Helm)
35 Le Paon / de Pauw (Der Pfau)
36 Le Petit Renard / de kleine Vos (Der kleine Fuchs)
37 Le Chêne / den Eyk (Die Eiche)
38 Ste-Barbe (Hl. Barbara)
39 L'Ane / Den Ezel (Der Esel)

für den Sohn des Industriellen Armand Solvay. Die breit angelegte Fassade mit zwei großen, üppig mit schmiedeeisernen Gittern geschmückten und mit riesigen Fenstern versehenen Erkern verleiht dem Haus Würde, der kühne Schwung der Fassade und die delikate Farbschattierung von dunkelgrauem und beigem Mauerwerk Eleganz und Leichtigkeit.

Hôtel de Ville / Stadhuis (E 4)

Grand-Place
Führungen Di, Mi, So in mehreren Sprachen zu unterschiedlichen Zeiten
3 €
Métro: Bourse
Trotz seiner beachtlichen Maße – die Schaufront ist 60 m lang, der Turm 97 m hoch – wirkt das Rathaus nicht wuchtig, sondern leicht, filigran und kostbar. Ein vorspringender Arkadengang und zwei Reihen großer Fenster lösen die Fassade nahezu auf. Zwischen den Fenstern stehen, je unter einem hohen, mit gotischem Zierat besetzten Baldachin, Statuen von Brabanter Landesfürsten, Brüsselern Bürgermeister und verdienten Wissenschaftlern, Literaten und Künstlern. 1402 wurde mit dem linken Flügel begonnen, kaum war das Gebäude fertiggestellt, meldeten die Ratsherren mehr Platzbedarf an, und dem Neubau wurde 1444–1448 der etwas kürzere rechte Flügel angefügt. Sieben Jahre später war auch der Turm vollendet und mit der goldblitzenden Figur des Erzengels Michael, des Schutzpatrons der Stadt, gekrönt. Prächtig sind auch die Repräsentationsräume im Inneren des Rathauses, die nach dem Brand des Jahres 1695 vollkommen neu gestaltet wurden. Vor allem die kostbaren Brüsseler Tapisserien aus dem 16.–19. Jh. lohnen eine Besichtigung. Im Hof des Rathauses befindet sich der belgische Nullpunkt, der Ausgangspunkt für alle Entfernungsangaben von der Métropole zu jedem Ort des Landes.

Jardin Botanique / Kruidtuin (G 2)

236, rue Royale
Métro: Botanique
Vom alten Botanischen Garten ist nur mehr wenig übriggeblieben, den größten Teil des einst 6 ha großen Geländes hat die Ringstraße abgeschnitten. Geblieben ist das Ensemble der Gewächshäuser, in denen das Kulturzentrum der französischsprachigen Gemeinschaft nicht nur Theateraufführungen, Kinovorstellungen und Ausstellungen präsentiert, sondern auch ein sehr hübsches kleines Café eingerichtet hat.

Durchquert man den diszipliniert angelegten Park, erreicht man einen letzten Rest des Botanischen Gartens, einen schmalen Streifen, der sich fast bis zur Place Rogier hinabzieht. Ganz unten wächst in einem winzigen Teich Brüssels Wappenblume, die Iris.

Justizpalast (E 6)

Place Poelaert
Mo–Fr 8–17 Uhr, Juli geschlossen
Métro: Louise
Als steinerner Berg türmt sich der Justizpalast über den Marollen auf, er ist das größte Bauwerk des 19. Jh.: 26 000 m^2 überbaute Fläche, 665 000 m^3 umbauter Raum. Die Kuppel erreicht eine Höhe von 105 m. Jedes Detail an diesem Gebäude ist riesig und bedeutungsvoll, aufgeladen mit Pomp und Pathos: Versatzstücke der griechischen, römischen, babylonischen und ägyptischen Architektur, Säulen, Galerien, Friese, Figuren griechischer Redner und Gesetzgeber, Allegorien von Recht und Gerechtigkeit, Milde und Macht, dazu

– großzügig über den ganzen Bau verteilt – die Symbole der Freimaurer wie kretische Doppelaxt, Dreieck, Kompass, Winkelmaß und Hebel. Tritt man durch das mehr als 42 m hohe Hauptportal, findet man sich in einer gigantischen, 3600 m^2 großen Halle wieder, die bis hinauf in die Kuppel reicht. Höhe und Anordnung der Pfeiler vermitteln den Eindruck eines römischen Forums, auf dem man gemessenen Schrittes seinen Geschäften nachgeht. In den Nischen zwischen den riesigen Pfeilern erteilen an soliden Tischen und Bänken aus dunklem, poliertem Holz Advokaten in schwarzen Roben mit plissierten weißen Jabots Rechtsauskünfte und Beratungen.

Highlight 8

Kathedrale St-Michel / Sint-Michielskathedraal (F 4)

Parvis Ste-Gudule
Mo–Fr 8–18, Sa, So 8.30–18 Uhr
Métro: Gare Centrale

Auf halber Höhe des steilen Uferhangs, der Ober- und Unterstadt trennt, erhebt sich eine der bedeutendsten architektonischen Kostbarkeiten Brüssels: die Kathedrale St-Michel, die heute leider zwischen hässlichen Bürogebäuden fast verschwindet. Zwischen 1225 und 1481 errichtet, edel in den Proportionen, meisterhaft in der Ausführung, zieht die Front mit den drei Portalen, dem großen, mit feinstem Maßwerk ge-

Die gotische Kathedrale St-Michel

schmückten zentralen Fenster und den fein gemeißelten Türmchen den Blick des Betrachters nach oben, himmelwärts. Der Innenraum erhält sein Licht durch farbenprächtige Glasfenster aus dem 16. Jh., auf denen die für die Südlichen Niederlande bedeutendsten Habsburger mit ihren Namenspatronen dargestellt sind. Im nördlichen Querschiff sieht man das vergitterte Fensterchen, durch das einst Häftlinge die Messe verfolgen konnten. Hohe, schlanke Säulen stützen die Gewölbe, von jeder blickt eine lebensgroße, ausdrucksvolle Apostelfigur herab, die im 17. Jh. u. a. von Lucas Fayd'herbe und Jérôme Duquesnoy geschaffen wurden, den bedeutendsten Barockbildhauern des Landes. Die barocke Kanzel (1699) – ihr Thema ist die Vertreibung von Adam und Eva aus dem Paradies – entzückte Victor Hugo 1837 so sehr, dass er in einem Brief an seine Frau über sie schrieb: »Sie ist ganz Philosophie, ganz Poesie.«

Königliche Gewächshäuser / Serres Royales (Nebenkarte)

Avenue du Parc Royal
nur Ende April–Anfang Mai geöffnet, genaue Termine beim Verkehrsamt erfragen
Tram 23, 52 bis Gros Tilleul

Das Ensemble aus Glas und Stahl – es ist die größte zusammenhängende Glaslandschaft des Kontinents – entstand in mehreren Bauphasen zwischen 1876 und 1894: der kreisrunde **Wintergarten,** eine gewaltige Glaskuppel mit eisernem Strebewerk, das **Kongo-Haus** mit fünf kleinen Kuppeln, das Pflanzen aus afrikanischen Kolonien aufnahm, das rechteckige **Palmenhaus** und die neogotisch inspirierte **Eiserne Kirche.** Verglaste Galerien verbinden die einzelnen Bauten.

Wenn die Gewächshäuser einmal im Jahr zwei Wochen lang dem Volk offenstehen, schieben sich Menschenmengen durch die Gänge und bestaunen den Gang mit den in allen Farben

Die Königlichen Gewächshäuser

blühenden Azaleen, die Vorhänge aus Hängefuchsien, die dicht mit Ficus pumila bewachsenen Wände, die Miniaturlandschaften mit Bonsai-Bäumchen, die anmutige Göttin der Jagd im Diana-Haus, die kostbaren ostasiatischen Vasen und den Teppich von Farn und Petunien zu Füßen der großen Palmen im Wintergarten. Noch aus der holländischen Epoche stammt die **Orangerie,** eine lichte Halle mit uralten Orangenbäumen.

Maison du Roi / Broodhuis (E 4)

Grand-Place
Métro: Bourse
Obwohl das Gebäude mit seinen spitzbogigen Arkaden, der fensterreichen Fassade und den zierlichen Türmchen mittelalterlich wirkt, stammt es erst aus dem letzten Viertel des 19. Jh. Bis zum Beginn des 15. Jh. befand sich hier, wie der niederländische Name sagt, die Brothalle und das Zunfthaus der Bäcker; ein späterer Nachfolgebau, diesmal im Stil der Renaissance, der von Kaiser Karl V. angeordnet wurde, erhielt den Namen »Haus des Königs« – Maison du Roi. Das heutige Gebäude ist Sitz des Brüsseler Stadtmuseums (s. S. 98).

Manneken Pis (E 4)

Rue du Chêne / Rue Charles Buls
Métro: Bourse
Den kleinen Mann kennt jeder, doch die meisten sind zunächst enttäuscht: Soo klein! Nun, er ist eben bloß ein Manneken. Unverdrossen richtet er tagaus tagein seinen Strahl in ein Bronzebecken, unbekümmert um die knipsenden und filmenden Touristen, herangereisten Kapellen und sogar Staatsbesucher auf Stippvisite. Schon Ende des 17. Jh. kam der Brauch auf, ihm ein Kleidungsstück zu überreichen, seither besitzt er Uniformen, Trachten, Anzüge in endloser Zahl (gezählte 710!), die ihm fast täglich wechselnd von einem städtischen Angestellten übergezogen werden. Und so steht er nun an vielen Tagen da als kleiner Soldat, Pfadfinder, Schotte, Sanitäter oder Bayer – ohne sich bei seinem Geschäft stören zu lassen.

Mont des Arts / Kunstberg (F 5)

Métro: Gare Centrale
Der Kunstberg schafft die Verbindung von der Unterstadt im Tal der Senne zur 80 m höher gelegenen Oberstadt. Die Treppenanlage wird bewacht von König Albert I. und seiner Gattin Elisabeth, die auf der anderen Seite des verkehrsreichen Boulevard de l'Empereur steht. Die **Bibliothèque Royale Albert I / Koninklijk Bibliotheek Albert I.** rechter Hand ist die bedeutendste Bibliothek Belgiens, auf der anderen Seite der Treppenanlage sowie zum Teil darunter befindet sich das anlässlich der Weltausstellung 1958 errichtete **Palais des Congrès** mit Sitzungsräumen und Konferenzsälen. Vom oberen Ende der Treppe hat man den schönsten Blick über die Brüsseler Innenstadt.

Notre-Dame de la Chapelle / Kapellekerk (E 5)

Place de la Chapelle
Mo–Sa 9–17, So 8–19.30 Uhr
Bus 27, 48 bis Chapelle
Die Kapellenkirche mit der markanten barocken Schieferhaube wurde Anfang des 15. Jh. in Brabanter Gotik erbaut. Die Pfeiler des Innenraums sind mit barocken Apostelfiguren geschmückt. In der dritten Seitenkapelle rechts fand Pieter Bruegel d. Ä. 1569 seine letzte Ruhestätte. Für sein Grab hat ein nicht

minder bedeutender Künstler ein Gemälde geschaffen – Peter Paul Rubens.

Notre-Dame de Laeken (Nebenkarte)

Parvis ND de Laeken
tgl. außer Mo 14–17 Uhr
Bus 53 bis Bockstael
Die Kirche am Ende der Avenue de la Reine ließ König Leopold I. als letzte Ruhestätte für seine Gattin Louise Marie errichten. Der Bau mit der dreitürmigen Fassade vermittelt aus der Ferne die Illusion einer grazilen gotischen Kathedrale, von Nahem allerdings wirkt er fast grobschlächtig, einige Elemente des Bauschmucks sehen aus wie die Bestandteile einer riesigen Maschine. Der **Friedhof** (Di–So 9–16.30 Uhr), eine steinerne Totenstadt, ist vor allem wegen seiner pathetischen Grabmonumente einen Besuch wert. Unter anderem steht hier eine Fassung der berühmtesten Statue der Welt: »Der Denker« von Auguste Rodin.

Highlight 9

Notre-Dame des Victoires (Notre-Dame du Sablon) (F 5)

Grand-Sablon
Mo–Fr 9–18.30 Uhr, Sa, So 10–19 Uhr
Bus 34, 48, 95 bis Grand Sablon
Auf dem Grand Sablon strahlt eine der schönsten Kirchen Brüssels nach langwieriger Säuberungsaktion nun wieder in vollem Glanz: Die im frühen 15. Jh. begonnene und knapp 200 Jahre später vollendete gotische Kirche ist ein Meisterwerk der Steinmetzkunst. Im 14. und 15. Jh. beherbergte das Gotteshaus eine wundertätige Madonnenfigur, die viele Wallfahrer anzog und so die – auch finanzielle – Grundlage dafür legte, dass die ursprünglich eher bescheidene Kapelle der Armbrustschützen durch den repräsentativen Steinbau ersetzt werden konnte. Eng mit der Kirche verbunden ist der Name der Familie Thurn und Taxis, deren Palais nahebei stand und die eine prächtige Grabkapelle stiftete.

Notre-Dame du Bon Secours / OLV van Bijstand (D 4)

Rue du Marché au Charbon
tgl. 9–17 Uhr
Métro: Bourse
Die Kirche (1664–1694) schiebt ihre prächtige frühbarocke Schaufront in die Straße Marché au Charbon hinein. Böse Zungen weisen darauf hin, dass der Baumeister, Jan Cortviendt, auch Kunstschreiner war, und schreiben der Kirche eine gewisse Ähnlichkeit mit einer übergroßen Kommode zu. Damit tut man dem schönen Zentralbau gewiss unrecht. Die zahlreichen Pilger, die hier die Liebe Frau zur Guten Hilfe um Beistand anflehten, hatten, sobald sie in das lichtdurchflutete Innere traten, ohnehin nur Augen für das Gnadenbild auf dem kostbaren Hochaltar.

Palais Royal / Koninklijk Paleis (G 5)

Place des Palais
Ende Juli–Anfang Sept.
tgl. außer Mo 10.30–16.30 Uhr
Tram 92, 93, 94 bis Palais
Trotz der würdevollen Front mit klassischen Säulen, Giebeldreieck und Kuppel wirkt der Königliche Palast eher nüchtern. Das Stadtpalais ist der Ort der Staatsempfänge, Konferenzen und offiziellen Feierlichkeiten, die Privatresidenz des Königs befindet sich in Laeken. Die Gemächer, Salons und der große Ballsaal mit Marmortreppen, schimmerndem Parkett und farbenprächtigen Teppichen, vergoldetem Stuck, Spiegeln

und Kaminen, Kristalllüstern und kostbarem Mobiliar entsprechen ganz dem repräsentationssüchtigem Geschmack des 19. Jh.

Palais Stoclet (östl. M 6)

281, av. de Tervuren
Métro: Montgomery
Das große Wohnhaus ist eines der bedeutendsten Monumente des Jugendstils. Der österreichische Architekt Josef Hoffmann errichtete den ungewöhnlich großen, massigen, kantigen Baukörper. Das mit weißen Marmorplatten verkleidete Gebäude gliedert sich in mehrere, verschieden hohe Teile. Der Haupttrakt wirkt kühl und streng; neben dem extrem hohen und breiten Eingangsportal stülpt sich ein Erker aus der Fassade. Rechts lenkt ein Fensterband den Blick des Betrachters in die Höhe, hinauf zu dem aus immer kleiner werdenden Rechteckformen zusammengesetzten Turm, auf dem vier nackte Männerfiguren stehen. Der anschließende Trakt ist niedriger und wirkt mit dem nachträglich beigefügten Laubengang auf dem flachen Dach luftiger.

Für das Innere fertigten die Wiener Werkstätten die Möbelstücke an, Gustav Klimt schuf zwei Mosaiken. Nichts von all dieser Pracht ist, abgesehen von einigen Fotos, jemals für die Öffentlichkeit zugänglich gewesen.

Petit-Sablon / Kleine Zavel (F 6)

Bus 34, 48, 95 bis Grand Sablon
Einer der charmantesten Plätze der Stadt, der die Helden der belgischen Geschichte und die Grundlagen des Wohlstandes feiert: Im Zentrum der Anlage stehen die Grafen Egmont und Hoorn, die dem Terror der Inquisition Einhalt zu gebieten versuchten. Unter den zehn Statuen zu ihren Seiten befinden sich diejenigen von Henri de Brederode (1531–1586), einem Mitstreiter der beiden Grafen, Wilhelm von Oranien-Nassau (1533–1584), Verfechter der Religionsfreiheit und Anführer des Widerstands gegen die Spanier, Gerhard Mercator (1512–1595), Schöpfer der »Mercatorprojektion«, die es erlaubt, auf einer Karte die Längen- und Breitengrade so darzustellen, dass sie sich rechtwinkelig schneiden, und Abraham Ortelius (1527–1598), Verfasser des ersten Weltatlas seiner Epoche. Das kunstvoll geschmiedete Gitter um die Anlage verbindet 48 unterschiedlich gestaltete Sandsteinsäulen, auf denen Bronzefiguren die in Brüssel beheimateten Handwerkerzünfte verkörpern.

Place des Martyrs / Martelaarsplein (F 3)

Métro: Brouckère
Der harmonisch komponierte rechteckige Platz der Märtyrer mit den klassizistischen Fassaden ringsum ist den 466 Opfern der belgischen Revolution von 1830 gewidmet. Sie liegen in der Gruft in der Mitte des Platzes begraben, ihre Namen sind in Marmortafeln an den Wänden eingraviert. Darüber erhebt sich auf einem Sockel »Patria« in wallendem Gewand, den belgischen Löwen an ihrer Seite, der seine Ketten zerrissen hat. Vormals legten hier die Wäscher ihr Tuch zum Trocknen aus, später lebten hier und in den umliegenden Straßen gutsituierte Bürger und viele Künstler, dann zogen kleine Geschäfte, Büros und Kneipen ein, der Platz kam mehr und mehr herunter. Nach langen Jahren der Restaurierung hoffen Besucher der Stadt jedes Mal aufs Neue, den Platz endlich vollendet zu sehen. Immerhin setzt eine Platanenreihe jetzt einen grünen Akzent.

Place Royale / Koningsplein (F 5)

Tram 92, 93, 94 bis Royale
Strahlend weiße, einheitlich komponierte klassizistische Fassaden prägen den Platz des Königs. Selbst die Kirche **St-Jacques-sur-Coudenberg,** dem hl. Jakobus von Compostela geweiht, übt Zurückhaltung. Die Front – sechs korinthische Säulen und ein Giebeldreieck mit Fresko – tritt nur wenig aus der Flucht hervor; der später hinzugefügte achteckige Turm ist von mäßiger Höhe. Das Zentrum des Platzes nimmt Gottfried von Bouillon ein, der wallonische Kreuzritter und König von Jerusalem.

Place St-Géry (D 4)

Métro: Bourse
Westlich des Boulevard Anspach liegt der älteste Teil der Stadt. In der Mitte des Platzes, an der Stelle der Burg, um die sich im 10. Jh. die erste Siedlung entwickelte, steht eine aus Eisen und Glas konstruierte **Markthalle,** heute das Zentrum einer jungen Club- und Kneipenszene. An der Nordseite des Platzes gewährt ein Portal Zutritt zu einen Innenhof. Dies ist hier der einzige Ort im Stadtzentrum, an dem die Senne, wenn auch nur für ein paar Meter, ans Tageslicht tritt.

Place Ste-Cathérine / St.-Katelijneplein

Métro: Ste-Cathérine
Nichts deutet mehr darauf hin, dass sich hier einst der Hafen der Stadt befand. Sogar die große Markthalle für Fisch und Meeresfrüchte, die man 1885 errichtete, besteht nicht mehr. Die alten, teilweise noch aus dem 16. und 17. Jh. stammenden Giebelhäuschen, die den Platz umstehen, beherbergen fast ausnahmslos hervorragende Restaurants. Die Mitte des Platzes nimmt die der hl. Katharina geweihte Kirche ein, die 1854 von Joseph Poelaert, dem späteren Baumeister des Justizpalastes, errichtet wurde. Er baute eine pseudo-gotische Kirche mit Dekorationselementen aus Romanik und Renaissance. An die

Rue des Bouchers

Vorgängerin des Gotteshauses erinnert noch ein barocker Turm, der sich ein paar Schritte daneben erhebt. Ein Stück weiter steht ein Rest der ersten Stadtmauer Brüssels: Die **Tour Noire / Zwarte Toren,** der Schwarze Turm, wurde in einen modernen Hotelbau integriert.

Riches-Claires / Rijke Klaren (D 4)

23, rue des Riches Claires
So 9.30–12.30 Uhr
Métro: Bourse
Der der Muttergottes geweihte Backsteinbau mit den üppig gerundeten Formen ist ein Werk des berühmten Bildhauers und Rubensschülers Lucas Fayd'herbe. In ihr steht der schöne Altar der Sieben Schmerzen Mariä. Er konnte gerettet werden, als die Kirche im Juni 1989 ausbrannte. Erst nach umfangreichen Restaurierungsarbeiten ist das Innere wieder zu besichtigen.

Rue des Bouchers / Beenhouwersstraat (E/F 4)

Métro: Bourse
Die Straße der Metzger präsentiert sich als ein Dorado der Gaumenfreuden. Täglich werden Fische, Muscheln und Meerestiere mit Gemüse und Früchten zu abenteuerlichen Stilleben aufgebaut – ein üppiger Augenschmaus.

Schloss von Laeken

Avenue du Parc Royal
Tram 19, 23, 52 bis Gros Tilleul
Die Privatresidenz des belgischen Königs mit der von vier massiven Säulen akzentuierten Front und dem hohen Kuppeldach ist ein Werk der Wende vom 19. zum 20. Jh. In dem großen Park befinden sich weitere kleine Schlösschen, in denen ebenfalls Mitglieder der königlichen Familie leben.

Janneke Pis

In der Impasse de la Fidelité, einem Seitengässchen der Rue des Bouchers, wird seit 1987 in einer gewissen Angelegenheit endlich der Gleichberechtigung Genüge getan: Janneke Pis kann es fast genausogut wie ihr älterer Bruder. Und seit kurzem gibt es auch Zinneke Pis: ein Hund sehr gemischter Rasse, der sein Geschäft an der Ecke der Rue des Chartreux / Rue du Vieux Marché erledigt.

St-Jean-Baptiste au Béguinage / Begijnhofkerk (E 3)

Place du Béguinage
Di–Sa 10–17, So 10–20 Uhr
Métro: Ste-Cathérine
Die reich geschmückte, dreigliedrige Fassade der barocken Beginenkirche (1657–1677) wirkt eher charmant als imposant. Die Fundamente des gotischen Vorgängerbaus gaben die Maße vor, daher die hohe, schmale Gestalt des Gotteshauses. Kostbar wie die Fassade ist auch die Ausstattung. Die hervorragend geschnitzte Kanzel zeigt u. a. die Übergabe des Rosenkranzes an den hl. Dominikus durch die Muttergottes. Entzückend sind die Details: ein Felsen, über den Tierlein krabbeln, oder der als Wolke gearbeitete Schalldeckel, auf dem sich Putten tummeln.

St-Nicolas (E 4)

Rue au Beurre
Mo–Sa 8–18.30, So, Fei 9–19.30 Uhr
Métro: Bourse
Wie viele alte Kirchen Brabants steht die dem hl. Nikolaus geweihte Kirche nicht für sich allein, sondern ist von einem Kranz winziger Häuser mit Ladenlokalen umgeben, deren Rückseite

Théâtre Royal de la Monnaie

jeweils die Kirchenmauer bildet. Das Gotteshaus ist eines der ältesten der Stadt, es ist schon im 11. Jh. belegt. Das dunkle Innere macht einen etwas vollgeräumten Eindruck und verblüfft durch die Tatsache, dass der Altarraum leicht nach links verschoben ist. Ein großer Reliquienschrein hütet die Gebeine der »Märtyrer von Gorcum«, Opfer der rebellischen Geuzen aus dem Jahr 1572. Die Kirche wurde während der Bombardierung Brüssels 1695 zerstört, doch in der Folge originalgetreu wiederaufgebaut. In der Wand gegenüber dem linken Seitenportal steckt, zur Erinnerung daran, noch eine Kanonenkugel.

Théâtre Royal de la Monnaie / Koninklijke Muntschouwburg (E 3)

Place de la Monnaie
Führung Sept–Juni Sa 12 Uhr, 7 €
Métro: Bourse
Der Name dieses Musentempels des 19. Jh. mit ionischen Säulen und üppigem Skulpturenschmuck erinnert an die Münze von Brabant, die einst an dieser Stelle stand. 1819 wurde das heutige Gebäude eingeweiht, am 25. August 1830 fiel hier der Startschuss zur belgischen Revolution. Die mitreißende Arie der heroischen Oper »Die Stumme von Portici« entflammte die Zuschauer derart, dass sie aus der Vorstellung stürmten und die Rebellion gegen die ungeliebten holländischen Herrscher ausriefen. Der Aufstand gelang: Schon wenige Tage später wurde Belgien als unabhängiger Staat ausgerufen.

Heute macht die Oper nur noch mit viel beachteten Inszenierungen und dem von Maurice Béjart gegründeten »Ballett des 20. Jahrhunderts« von sich reden. Wer das Glück hat, eine Karte zu bekommen, kann im Innern das mit Marmor und Messing gestaltete Foyer und die von namhaften Künstlern geschaffenen Deckengemälde und Bodenmosaiken bewundern.

Museen

Centre Belge de la Bande Dessinée (F 3)

20, rue des Sables
www.comicscenter.be
tgl. außer Mo 10–18 Uhr
Eintritt 6,20 €
Métro: Gare Centrale, Rogier

Im Jugendstil-Kaufhaus Waucquez (von Victor Horta) wird die Geschichte der belgischen Comics dokumentiert und die Entwicklung eines Comics von der Idee bis zur Vermarktung nachvollzogen. Ein großer Raum ist Hergé gewidmet, dem Vater von Tim und Struppi, aber auch neue Tendenzen des BD werden berücksichtigt. Lesesaal, gut sortierte Buchhandlung, Bistro.

Highlight 10

Museés Royaux des Beaux-Arts de Belgique (F 5)

3, rue de la Régence
www.fine-arts-museum.be
tgl. außer Mo 10–17 Uhr, mittags schließen die Säle im Wechsel
Eintritt 5 €
Tram 92, 93, 94 bis Royale

Die Königlichen Museen für Schöne Künste beherbergen eine hochrangige Gemäldesammlung. Glanzstücke sind die frühen flämischen Maler wie Rogier van der Weyden, Dieric Bouts, Hans Memling und Hieronymus Bosch, die Brueghel-Kollektion, Werke von Rubens und Jacob Jordaens, die belgischen Symbolisten wie Fernand Khnopff und James Ensor und schließlich die Surrealisten René Magritte und Paul Delvaux. Die Abteilung für moderne Kunst gibt einen ausgezeichneten Überblick über das internationale Kunstschaffen der letzten 30 Jahre.

Highlight 11

Musée du Cinquantenaire (L 5)

10, Parc du Cinquantenaire
www.kmkg-mrah.be
Di–Fr 9.30–17, Sa, So 10–17 Uhr
Eintritt 4 €
Métro: Schuman

Eine vorzügliche und dabei fast unüberschaubare Sammlung brabanter, flämischer und internationaler Kunst von der Antike bis heute, darunter einzigartige Sammlungen von Bildteppichen, Spitzen, Altartafeln des 15. und 16. Jh., Ausgrabungsstücke aus dem prähistorischen und antiken Belgien, Jugendstilskulpturen sowie eine Sammlung von Präzisionsinstrumenten. Um in der Fülle der Schätze nicht zu ertrinken, ist es ratsam, sich von vornherein Schwerpunkte zu setzen.

Musée d'Ixelles (H 7)

7, rue Jean Van Volsem (Ixelles)
www.musee-ixelles.be
Di– Fr 13–18.30, Sa, So 10–17 Uhr
Eintritt 6,20 €
Tram 81, 82 bis Germoir

Kunstmuseum im früheren Schlachthaus der Gemeinde Ixelles. Der Schwerpunkt der Sammlung liegt auf Werken des 19. und 20. Jh., belgischen Impressionisten, Pointillisten, Fauvisten (Rik Wouters) und Symbolisten; vertreten sind auch die Surrealisten René Magritte und Paul Delvaux, Werke der Gruppe Cobra und Pop Art. Sammlung von Plakaten der Jahrhundertwende (Toulouse-Lautrec!).

Musée David et Alice van Buuren (südlich E 10)

41, av. Léo Errera (Uccle)
www.museumvanbuuren.com
tgl. außer Di 14–17 Uhr, Eintritt 10 €
Tram 23, 90 bis Churchill

Das 1929 erbaute luxuriöse Wohnhaus des Ehepaars van Buuren ist mitsamt der Art-déco-Einrichtung und der hochrangigen Kunstsammlung unverändert erhalten. Kostbarstes Stück der Sammlung, die Bilder von James Ensor, Constant Permeke, Rik Wouters, Max Ernst, Georges Braque, und Paul Signac umfasst, ist das Gemälde »Landschaft mit Sturz des Ikarus« von Pieter Bruegel, eine zweite Fassung des Gemäldes im Musée des Beaux-Arts. Ebenso sehenswert ist der große Park, der u. a. einen »Geheimen Garten des Herzens« und ein Labyrinth umfasst, in dem Skulpturen von André Willequet stehen.

Musée Horta (E/F 9)

23–25, rue Américaine (St-Gilles)
www.hortamuseum.be
Di–So 14–17.30 Uhr
Eintritt 5 €
Tram 81, 82, 91, 92 bis Ma Campagne
Wohnhaus des Jugendstilarchitekten Victor Horta.

Musée de la Ville de Bruxelles (E 4)

Maison du Roi, Grand-Place
Di–So 10–17 Uhr, Eintritt 3 €
Métro: Bourse
Museum zur Brüsseler Stadtgeschichte; Originalskulpturen von der Rathausfassade, Schnitzaltäre, Wandteppiche, Silbergerät, Porzellan und Fayencen aus Brüsseler Werkstätten, Stadtmodelle, Gemälde, Zeichnungen und Fotografien mit alten Stadtansichten sowie schließlich die Kostüme des Manneken Pis.

Musée Royal de l'Armée et d'Histoire Militaire (L 5)

3, parc du Cinquantenaire
www.klm-mra.be
Di–So 9–12, 13–16.30 Uhr, Eintritt frei
Métro: Schuman
Waffen und Rüstungen seit dem Mittelalter, Uniformen, Panzer, Flugzeuge und einschlägige Kunstwerke.

Musée de la Dynastie (F 5)

7, place des Palais
Di–So 10–18 Uhr
Eintritt 3 €
Métro: Thrône, Parc
Leben und Werk der belgischen Könige und ihrer Familien in den prächtigen Gemächern des Hôtel Bellevue: Gemälde, Fotografien, ein Stadtrelief des ›königlichen Baumeisters‹ Leopold II., das seine Wünsche und Pläne wiedergibt, ein der Königin Astrid gewidmeter Saal, um an ihr Engagement für die Bedürftigen zu erinnern.

Ancien Palais de Bruxelles (F 5)

7, place des Palais
www.coudenberg.com
Di–So 10–18 Uhr, Eintritt 4 €
Métro: Thrône, Parc
Im 11. Jh. wurde auf dem Coudenberg ein Palast errichtet, der im Laufe der Zeit von allen Regenten ausgebaut und immer prächtiger ausgestaltet wurde – bis er 1731 abbrannte. Bei der Neugestaltung der Place Royale ging jede Spur von ihm verloren. Erst seit kurzem sind die unterirdischen Gänge und Gewölbe wieder zugänglich.

Beginenhofmuseum (westlich A 5)

8, rue du Chapelain (Anderlecht)
Di–So 10–117 Uhr, Eintritt 1.25 €
Métro: St-Guidon
Der kleine, 1252 gegründete Beginenhof, der nur acht Frauen aufnehmen konnte, gibt sowohl einen Einblick in das Leben der Beginen als auch in die Geschichte von Anderlecht.

Autoworld (L 6)
11, Parc du Cinquantenaire
tgl. 10–18 Uhr, Okt.–März 10–17 Uhr
Eintritt 6 €
Métro: Mérode
Geschichte des Automobils von 1886 bis in die 70er Jahre, vor allem auch der belgischen Automobilindustrie. Etwa 400 Fahrzeuge, darunter Wagen der belgischen Königsfamilie und verschiedene Sonderanfertigungen.

Scientastic Museum (E 4)
in der Métrostation Bourse, 1. Stock
www.scientastic.be
Sa, So, in den Schulferien
tgl. 14– 17.30 Uhr, Eintritt 6 €
30 interaktive Experimente aus der Welt der Physik, speziell zu den Bereichen Licht, Farbe, Ton.

Fondation Jacques Brel (E 4)
11, place Vieille Halle aux Blés
www.jacquesbrel.be
Di–Sa 11–17 Uhr, Eintritt 5 €
Métro: Gare Centrale
Erinnerungen an den den großen belgischen Chansonnier mit Video- und Bandaufzeichnungen, Interviews und dem Konzertfilm »Ein letzter Abend im Olympia«.

Musée Royal de l'Afrique Centrale (östlich M 6)
Leuvensesteenweg 13 (Tervuren)
www.africamuseum.be
Di–Fr 10–17, Sa, So, Fei 10–18 Uhr
Tram 44 bis Tervuren
Umfassende, wenngleich etwas konventionelle Darstellung der Landschaften (Dioramen und Modelle), der Wirtschaft (Nutzpflanzen, Bodenschätze), der Natur (Pflanzen, Tiere) und der Kultur (Skulpturen, Masken, Waffen, Musikinstrumente, Schmuck …) Zentralafrikas, speziell des Kongo.

Maison des Brasseurs (E 4)
10, Grand-Place
www.beerparadise.be
Mo–Fr 10–17, Sa, So 12–17 Uhr
Eintritt 4 €
Métro: Bourse
Im Kellergewölbe des Zunfthauses der Brauer werden alte und moderne Braumethoden gezeigt. Im Eintritt inbegriffen ist ein Glas Bier im *estaminet*.

Musée Bruxellois de la Gueuze (C 5)
Gueuzemuseum
56, rue Gheude (Anderlecht)
www.cantillon.be
Mo–Fr 9–17 Uhr, Sa 10–17 Uhr
Eintritt 3,50 €
Métro: Gare du Midi
Die noch voll funktionsfähige Brauerei Cantillon ist die letzte traditionelle Gueuze-Brauerei der Stadt (s. S. 112).

Musée du Cacao et du Chocolat (E 4)
9–11, rue de la Tête d'Or
www.mucc.be
tgl. außer Mo 10–16.30 Uhr
Eintritt 5/4 €
Métro: Bourse
Von der Bohne bis zum Gaumen alles über Schokolade, ein *chocolatier* demonstriert die Kunst des Schokolademachens.

Musée du Costume et de la Dentelle (E 4)
6, rue de la Violette
Mo, Di, Do, Fr 10–12.30, 13.30–17 Uhr, Sa, So 14–17 Uhr, Eintritt 3 €
Métro: Bourse
Das Spitzen- und Kostümmuseum zeigt Spitzenarbeiten, Kostüme, Ballkleider, moderne Textilarbeiten, modisches und militärisches Zubehör des 17.–20. Jh.

12

Highlight

Musée des Instruments de Musique (MIM) (F 5)

2, Montagne de la Cour
www.mim.fgov.be
Di–Fr 9.30–17, Sa, So 10–17 Uhr
Eintritt 5 €
Tram 92, 93, 94 bis Royale
Exzellente Sammlung von Blas-, Streich-, Zupf- und Tasteninstrumenten, volkstümliche Instrumente wie Akkordeon, Maultrommel, Alphorn, Balalaika, Instrumente aus anderen Teilen der Welt sowie Instrumente aus der Werkstatt von Adolphe Sax, dem Erfinder des Saxophons. Audioführer bringen die wichtigsten Instrumente zum Klingen. Das Gebäude selbst, ein Traum aus Eisen und Glas, wurde 1899 vom Jugendstilarchitekten Paul Saintenoy als Kaufhaus für englische Stoffe entworfen.

Chinesischer Pavillon und Japanischer Turm (Nebenkarte)

44, avenue Jules van Praet
Di–Fr 9.30–17, Sa, So 10–17 Uhr
Eintritt 3 €
Tram 19, 23, 52 bis Gros Tilleul
Der **Pavillon** ist längst nicht so chinesisch, wie er wirkt, sondern eine romantische Spielerei exotikverliebter Europäer. Er weist überraschend viele kleine Räume auf, die einst als Separées genutzt wurden. Heute wird in ihnen chinesisches Porzellan gezeigt – Porzellan übrigens, das im 17. und 18. Jh. in China speziell für den europäischen Markt hergestellt wurde. Einer Pagode ist der **Japanische Turm** nachempfunden, den der Pariser Architekt Alexandre Marcel im Auftrag Leopolds II. errichtete. Einige Bauteile wurden eigens in Yokohama hergestellt, um die Illusion eines fernöstlichen Tempels perfekt zu machen. Nur das untere Stockwerk des Turms, in dem wechselnde Ausstellungen stattfinden, ist zugänglich.

Parks und Gärten

Bois de la Cambre

Am Ende der Avenue Louise
Tram 93, 94 bis Legrand
Der hügelige Park mit den Wäldchen und dem großen Teich in der Mitte ist der Spielplatz der Brüsseler. Vor allem am Wochenende, wenn die Zufahrten für Autos gesperrt sind, wird hier gejoggt, geskatet, gewalkt und geradelt, was das Zeug hält, und dann in den hübschen Gartenrestaurants eingekehrt.

Jardin d'Egmont / Egmonttuin (F 6)

Zugang über Rue aux Laines
Métro: Louise
Fast ein Geheimtipp ist dieser kleine Park hinter dem Palais d'Egmont, denn es gibt nur zwei Zugänge, die leicht übersehen werden. Peter Pan, der Junge, der nicht erwachsen werden wollte, ist die bekannteste unter den Skulpturen des Parks, eine Kopie des vielbesuchten Londoner Originals. Das **Palais** war Sitz der Familie des berühmten Grafen Lamoral Egmont und wurde im Lauf seiner Geschichte viele Male umgebaut. Das Gebäude wird heute vom belgischen Staat als Ort für festliche Staatsempfänge genutzt und ist nicht zu besichtigen. In der **Orangerie** ist ein kleines Restaurant eingerichtet.

Jardin du Roi und Etangs d'Ixelles (H 9/10)

Bus: Flagey
Die beiden Weiher von Ixelles mit Springbrunnen und Entenhäuschen sind von Trauerweiden umstanden, ein Denkmal erinnert an den Schriftsteller

Petit Sablon

Charles de Coster. Zur Avenue Louise hin liegt der kleine Jardin du Roi. Wie um die Gediegenheit des Viertels zu betonen, sind überall Monumente platziert, darunter das Denkmal, das die Gemeinde Ixelles seinen »kolonialen Pionieren« gewidmet hat: eine fein gemeißelte Säule mit dem Kopf einer Afrikanerin. Mit ihr wird zugleich sinnfällig, wer das Geld für all die stattlichen Häuser ringsum in Wirklichkeit erarbeitet hat.

Parc de Bruxelles / Warande (G 4/5)

Rue Royale
tgl. 6–21 Uhr
Métro: Parc
Der Park von Brüssel in strengen Formen mit abgezirkelten Wegen, den beiden Brunnen, dem hübschen Musikpavillon und den zahlreichen Statuen wird an Wochentagen gern von den Beamten und Angestellten der umliegenden Behörden und Firmen besucht, die hier in ihrer Mittagspause ein paar Schritte gehen und sich an dem kleinen, altmodischen Kiosk neben dem achteckigen Brunnenbecken ein Sandwich mit Garnelensalat, ein Stück Kuchen oder ein kühles Bier kaufen.

Parc du Cinquantenaire / Jubelpark (K/L 5/6)

Etterbeek
Métro: Schuman oder Mérode
Der Jubelpark, zum 50. Jahrestag des belgischen Staates angelegt, birgt ebenso interessante wie kuriose Monumente, zum Beispiel die **Tour Beyaert,** ein mittelalterlich anmutendes Türmchen, das für die Weltausstellung 1897 zu dem Zweck errichtet wurde, die Vielseitigkeit des belgischen Steins in der Baukunst zu demonstrieren. Der kleine neoklassizistische **Pavillon des Passions Humaines** wurde 1889 auf Drängen des Bildhauers Jef Lambeaux errichtet, der darin sein großes Marmor-Relief »Les Passions Humaines« (»Die menschlichen Leidenschaften«) ausgestellt sehen wollte. Allerdings zeigt das Relief die Leidenschaften in solcher Detailtreue, dass der Pavillon unmittelbar nach der Eröffnung wieder geschlossen wurde. Erst seit kurzem wurde er wieder öffentlich zugänglich gemacht: Di–Fr 14.30–15.30 Uhr.

Ausflüge

Löwenhügel in Waterloo

Forêt de Soignes / Zoniënwoud

Musée Forestier – Centre d'information de la Forêt de Soignes
4, rue du Rouge-Cloître
Mai–Okt. Di–So 14–18 Uhr,
Nov.–Apr. 14–17 Uhr

Im Süden Brüssels, noch zu einem Drittel zum Stadtgebiet gehörig, liegt der 4383 ha große Forêt de Soignes. Einst hatte der Wald das gesamte Gebiet zwischen Brüssel und Leuven bedeckt und war ein geschätztes Jagdgebiet der Burgunderherzöge sowie der spanischen und österreichischen Statthalter. Legendäre Jagden auf Bären, Wölfe, Hirsche und Wildschweine fanden hier statt – und lieferten Motive für die berühmten Brüsseler Wandteppiche. Seit der Neu-Aufforstung im 18. Jh. besteht der Wald nicht mehr vorwiegend aus Eichen, sondern aus Buchen mit hohen, geraden Stämmen und lichten Kronen, die das Sonnenlicht wie ein grüner Schleier filtern. Kein Wunder, dass dieses Naturreservat nicht nur Brüssels grüne Lunge, Staubfilter und Klimamacher ist, sondern auch ein beliebtes Naherholungsgebiet mit 17 km Fahrstraße, 152 km Fuß-, Rad- und Reitwegen und etwa hundert Picknicktischen. Eine ganze Kette von fischreichen Teichen und Weihern trägt zu malerischen Landschaftsbildern bei, Sumpf- und Moorgebiete tun ein Übriges. Das Großwild ist heute freilich ausgestorben, der Dachs hat seinen Bau verlassen, nur Fuchs und Hase, Reh und Eichhörnchen sagen sich hier noch Gute Nacht.

Seit karolingischer Zeit gibt es auch eine Reihe von kleinen Ansiedlungen, Kapellen und Kirchlein. Zu einer Kapelle mit dem verlockenden Namen Notre-Dame de Bonne-Odeur / OLV van Welriekende (»Unsere Liebe Frau zum guten Duft«; 1477 gegründet, heutiger Bau 1863) pilgerten jedes Frühjahr die jungen Mädchen, um den Beistand der Gottesmutter bei der Suche nach einem Bräutigam zu erbitten.

Schon 1359 wurde die **Abtei Rouge-Cloître / Rood-Klooster,** zunächst als Einsiedelei, gegründet. Vom Roten Kloster – der Name kommt von dem Verputz aus zermahlenen Ziegelsteinen – stehen noch die Priorei und ein Teil des Dormitoriums sowie mehrere Wirtschaftsgebäude. Eingebettet in ein von Wald und Wiesen gesäumtes Tälchen und umgeben von einer Kette von Teichen bildet es heute den stimmungsvollen Rahmen für ein Restaurant und ein Kunstzentrum. In unmittelbarer Nähe ist der **Jardin Expérimental J. Massart** eingerichtet, eine Forschungs- und Schutzzone mit etwa

5800 Pflanzenarten (1850, chaussée de Wavre, Mo–Fr 9–17 Uhr).

Ein weiteres Kloster stand in **Groenendael.** Heute ist nur noch ein Gebäude von 1794 erhalten, außerdem einige Grundmauern. 1897 wurde hier ein **Arboretum** angelegt, in dem 300 Baum- und Straucharten zu besichtigen sind. Das schönste und größte Arboretum aber befindet sich in **Tervuren.** 1902 angelegt, umfasst es nicht weniger als 100 ha und beheimatet Bäume aus allen Kontinenten, für die möglichst originale Lebensräume geschaffen wurden. Der größere Teil (65 ha) ist der Neuen Welt gewidmet.

Waterloo

Besucherzentrum Waterloo
252, route du Lion
(Braine-l'Alleud)
www.waterloo1815.be
April–Sept. tgl. 9.30–18.30,
Okt.–März 10–17 Uhr.
Wachsmuseum
315, route du Lion (Waterloo)
tgl. Mo–Fr 10–17 Uhr,
Dez.–März Sa, So, Fei 10–17 Uhr.
Napoleons Hauptquartier Le Caillou
66, chaussée de Bruxelles
(Vieux-Genappe)
April–Okt. tgl. 10–18.30 Uhr,
Nov.– März tgl. 13–17 Uhr.
Wellington-Museum
147, chaussée de Bruxelles
(Waterloo)
April–Sept. tgl. 9.30–18.30 Uhr,
Okt.–März tgl. 10–17 Uhr.

Auf einem weiten, flachen Gelände knapp 20 km südlich von Brüssel fand am 18. Juni 1815 eine der großen Entscheidungsschlachten der Geschichte statt. Die Truppen Napoleon Bonapartes trafen hier auf die vom Herzog von Wellington geführten Engländer. Als gegen Abend die preußische Armee unter dem Befehl des Feldmarschalls Blücher in die Schlacht eintrat, konnten die vereinigten Armeen den entscheidenden Großangriff führen. Die Niederlage der Franzosen war vernichtend und endgültig, Napoleon wurde bis zu seinem Lebensende auf die Insel St. Helena verbannt, die Landkarte Europas wieder einmal neu gezeichnet.

Die Legendenbildung begann am Tag nach der Schlacht. Sie wurde analysiert, kritisiert, interpretiert und ins Mystische erhöht. Selbstverständlich konnte man da am Ort des blutigen Geschehens selbst nicht einfach zur Tagesordnung übergehen. Daher ist die ganze Ebene praktisch übersät mit Gedenkstätten und Denkmälern, anhand derer sich der schicksalhafte Tag nachvollziehen lässt.

Herausragendes Monument ist der 40 m hohe **Löwenhügel** (Butte de Lion) mit einem gusseisernen Löwen auf dem Gipfel. Das **Schlachtenpanorama** in dem großen Rundbau zu seinen Füßen zeigt Schlüsselszenen der Schlacht. Den gesamten Verlauf des bewussten Tages erklärt einleuchtend und eindrucksvoll das im Kombi-Ticket enthaltene ›Spektakel‹ im Besucherzentrum, das mit Hilfe eines animierten Modells des Schlachtfelds und einer Diashow die entscheidenden Phasen nachstellt. Auch ein kurzer, sehr ergreifender Spielfilm wird gezeigt. Gegenüber stellt ein kleines **Wachsfigurenmuseum** die Hauptpersonen der Schlacht in Lebensgröße vor: Napoleon Bonaparte, den Herzog von Wellington, Feldmarschall Blücher, den Prinz von Oranien, den französischen Marschall Ney und andere, außerdem verschiedene Dokumente und auf dem Schlachtfeld gefundene Ausrüstungsstücke und persönliche Gegenstände. Wer all die

Gedenkstätten der Schlacht aufsuchen möchte, kann damit ohne weiteres einen vollen Tag verbringen. Die **Ferme du Caillou** in Vieux-Genappe etwa war das Hauptquartier Napoleons, in dessen vier Zimmern er die letzte – schlaflose? – Nacht vor der Schlacht verbrachte, während sein Gegenspieler Wellington im Ort **Waterloo** in einem Gasthof Quartier nahm und hier am Abend danach sein Siegeskommuniqué verfasste. Damit erst brachte er übrigens den Namen »Waterloo« in Umlauf, während Marschall Blücher seinerseits den Namen »Belle-Alliance« bevorzugte, des Ortes also, an dem seine Truppen das englische Heer trafen. Im **Wellington-Museum** wird abermals der Verlauf der Schlacht dokumentiert, außerdem werden Gegenstände aus dem Besitz des Herzogs und anderer Offiziere gezeigt. Unter anderem kann man hier die hölzerne Prothese des Generalleutnants der Kavallerie Lord Uxbridge betrachten, der sein Bein in der Schlacht verlor. Das Bein selbst wurde neben dem Hauptquartier beigesetzt, nach dem Tod des Lords allerdings wieder exhumiert und dem Leichnam in der Familiengruft beigesellt.

Die für die gefallenen Deutschen, Franzosen oder Belgier errichteten Denkmäler sind mit Bedacht plaziert und in ihrer Gestaltung teils von hoher Symbolkraft. Ein tödlich verwundeter Adler, der dennoch mit seinen Krallen die Trikolore festhält, steht dort, wo die kaiserliche Garde letzten vergeblichen Widerstand leistete. Die von Karl Friedrich Schinkel geschaffene neogotische Säule mit einem Eisernen Kreuz an der Spitze markiert den Ort, an dem Blüchers Truppen Aufstellung nahmen, eine steinerne Säule gedenkt der im Kampf gefallenen Belgier.

Beersel

März–15. Nov. Di– So 10–12, 14–18 Uhr; 16. Nov.–Feb. nur Sa, So, Fei 10–18 Uhr.
Anfahrt: E 19 Richtung Mons bis Beersel, Bahnverbindung: ab Gare du Nord (Richtung Halle), Haltestelle praktisch direkt beim Schloss.

Südlich von Brüssel lässt sich nachholen, was in der Stadt nicht mehr möglich ist: ein Spaziergang am Ufer der Senne. Die Landschaft lockt mit romantischen Szenerien und hübschen Dörfern und Höfen sowie – als Höhepunkt – dem Wasserschloss Beersel. Es hat einen extravaganten dreieckigen Grundriss, der durch die drei markanten halbrunden Ecktürme akzentuiert wird. Bereits zu Beginn des 14. Jh. wurde es als Festung gegen die Grafen von Hennegau ausgebaut, 1488 aber zerstört und hatte dann nach dem Wiederaufbau lange keine besondere Funktion. Die verfallene Anlage wurde in den 1920er Jahren mit einem guten Schuss Romantik wieder instandgesetzt und mit Zugbrücke, Zinnen und Schießscharten versehen – ein Bild von einer Burg.

Schloss Gaasbeek

www.kasteelvangaasbeek.be
Schloss und Park April–Ende Nov. Di–So, Fei 10–18 Uhr,
Buslinie LK ab Gare du Midi

Das Pajottenland südwestlich von Brüssel ist eine Landschaft, die so gemütlich aussieht, wie ihr Name klingt: In die Falten der sanften Hügel sind Weiher eingebettet, Laubwäldchen beleben das friedliche Bild, und die Vorgärten der Einfamilienhäuschen sind besonders adrett angelegt. Inmitten eines weiten Parks mit einem Lusthäuschen und einer Gertrudiskapelle, am Ufer eines kleinen Sees, liegt Schloss Gaasbeek. Die bereits 1236 erbaute Burg wurde 1545 zu einem luxuriösen Renaissance-Schloss umgebaut und nach einem Brand 20 Jahre später wiederaufgebaut. Seinen heutigen, etwas romantisierenden Stil mit Zinnen und Wappen hat es bei einer durchgreifenden Erneuerung 1887–1893 erhalten.

Die Gemächer spiegeln den Traum von einer besseren Vergangenheit wider. Viel geschnitztes Mobiliar, Kunstgegenstände aus Elfenbein, Marmor, Holz, Alabaster, Bronze, Kupfer und Schmiedeeisen, Porzellan, Töpfer- und Emailarbeiten, Waffen, Silberarbeiten, Gemälde und kostbare Wandteppiche aus Brüssel und Tournai verwandeln die Räume in eine mit viel Geschmack eingerichtete Schatzkammer.

Leuven

Information: In&Uit, Stadhuis, Grote Markt, 3000 Leuven, Tel. 0032-16-28 23 12, tgl. 9–17 Uhr.
Anfahrt: Zug: 2 x stdl. ab Bruxelles-Centrale/Nord, Auto: ca. 20 km östlich von Brüssel über A3/A2
Den Wettlauf um den Rang als Residenz- und damit letztlich Hauptstadt verlor Leuven schon im 13. Jh. an Brüssel, doch als Wiege der Gelehrsamkeit ist seine Stellung bis heute unumstritten. Bereits 1425 wurde hier eine Universität gegründet – die erste der Niederlande. Sie prägte das Gesicht der Stadt nachhaltig. Ein knappes Dutzend Kolleggebäude der verschiedensten Fakultäten und Orden im Stil der Gotik und Renaissance stehen in der Stadt, freilich haben sie heute in der Regel andere Funktionen. Die Backsteinhäuschen des ehemaligen **Großen Beginenhofs** sind als Studentenwohnheim ausgebaut – wahrscheinlich eines der hübschesten Belgiens. Die prächtige **Universitätsbibliothek** am Ladeuzeplein ist allerdings die Rekonstruktion eines selbst erst in den 1920er Jahren errichteten Neorenaissance-Gebäudes. Nachdem die in der Universitätshalle untergebrachte Bibliothek 1914 von den deutschen Besatzern durch Brandstiftung zerstört worden war – 300 000 meist unersetzliche Werke gingen dabei in Flammen auf –, wurde im Zweiten Weltkrieg die neue, mit amerikanischer Hilfe erbaute Bibliothek Opfer der Bomben.

In die Schlagzeilen geriet die Katholische Universität Leuven in den 1960er Jahren, als nach jahrzehntelangen Auseinandersetzungen die Frankophonen auszogen und südlich von Brüssel eine neue Universitätsstadt, Louvain-la-Neuve, gründeten – wobei übrigens auch die Bestände der gerade einige Jahrzehnte zuvor neu ausgestatteten Bibliothek auseinandergerissen wurden.

Berühmt ist Leuven aber vor allem für sein **Rathaus,** ein unvergleichliches Prunkstück gotischer Profanarchitektur (1439–1469). Wie ein kostbarer, über und über mit Zierrat besetzter Schrein steht es im Stadtzentrum. Statt eines wuchtigen besitzt es sechs zierliche Türmchen, drei an jeder Giebelseite, der Baukörper ist durch Fenster, Türmchen und 300 Figuren unter Baldachinen aufgelöst, selbst das hohe, steile Dach ist dicht mit Gauben und Gitterwerk besetzt.

Gegenüber steht die im selben und im darauffolgenden Jahrhundert entstandene spätgotische **St.-Pieterskerk** (1410–1541), deren Turm leider wegen des sumpfigen und daher nachgiebigen Untergrunds nicht vollendet werden konnte. Dennoch zählt das Gotteshaus zu den bedeutendsten Beispielen brabantischer Gotik, was sich vor allem im hohen, lichten Innenraum prachtvoll zeigt.

Extra-

Fünf Spaziergänge in Brüssel
1. Jugendstilpromenade
2. Die neunte Kunst – Comic-Spaziergang

Alle Touren sind auf dem großen Faltplan eingezeichnet

Touren

3. 1000 Bieren auf der Spur – – Bier- und Kneipenbummel
4. Wo liegt Europa?
5. Feilschen erwünscht – Märkte, Flohmärkte und originelle Läden

Musée Horta

Tour 1

Jugendstilpromenade

Métropole neuen Stils

Die Hauptstadt Europas ist auch eine Hauptstadt des Jugendstils, des *Art Nouveau,* jenes schmucklustigen Bau- und Dekorationsstils, der um die Wende zum 20. Jh. den Aufbruch in ein neues Zeitalter signalisierte: Fließende Linien und edle Materialien im Verein mit einer neuartigen Glas- und Eisenbauweise ließen verspielte, transparente Häuser entstehen. Avantgardistische Architekten wie Victor Horta oder Paul Hankar bauten Wohnhäuser für wohlhabende Kaufleute oder Geschäftshäuser wie die Magasins Waucquez, die heute das Comic-Museum beherbergen, oder das Old England, heute das Musikinstrumenten-Museum.

Ixelles und St-Gilles

Die meisten und schönsten Jugendstilbauten stehen in den Stadtteilen Ixelles und Saint-Gilles, wo um die Jahrhundertwende viele Künstler lebten. Als die laute Avenue Louise noch eine elegante Promenade mit hohen Bäumen war, ließ sich der Industrielle Armand Solvay vom Star-Architekten Victor Horta das **Hôtel Solvay** (Nr. 224) errichten, dessen kühn geschwungene Fassade mit großen Fenstern und und zwei Glaskuppeln leicht und elegant wirkt.

In der **Rue Forestière** lebte der Bildhauer Jef Lambeaux, der Schöpfer des Reliefs »Die menschlichen Leidenschaften« (s. S. 101). An der Tür seines Hauses in der **Nr. 51** zeigen zwei Bronzetafeln verzückte Frauen beim Tanz, statt des Türgriffs wölbt eine nur mit einem zarten Schleiergewand umhüllte Schöne dem Besucher den schlanken Leib entgegen. In der Avenue Brugmann Nr. 55 blickt das dunkelrote Gebäude **Les Hiboux,** ›die Eulen‹, mit runden Fenstern auf die Passanten. Die **Maison Hannon** direkt daneben (1, rue de la Jonction) ist ein Beispiel für die Formenvielfalt des Brüsseler Jugendstils: Drei große Fenstertüren betonen die Ecke, das Obergeschoss schmückt ein großes Sandsteinrelief. Hier ist heute der Sitz des **Centre de la Photographie,** das seine Sammlung in wechselnden Ausstellungen zeigt. Von der Rue de la Jonction aus kann man durch das Gartengitter einen Blick auf die Rückseite mit dem großen Fenster werfen.

Die Rue de la Jonction scheint geradewegs auf eine mittelalterliche Burg zuzuführen: das **Gefängnis von St-Gilles,** eine weiß-rote neogotische Backsteinanlage mit mächtigen Mauern und Türme mit Zinnen und Schießscharten signalisiert schon von weitem Strenge und Sicherheit.

In der Nähe des Gefängnisses, in der Rue Henri Wafelaerts, stehen einige schon vom *Art déco* geprägte Häuser, z. B. die ehemalige **Klinik Van Neck** (53, rue Henri Wafelaerts), die als ›Schlusspunkt‹ des *Art nouveau* angesehen wird: Ihre Formen sind streng, kantig, längst nicht mehr so gefällig. Die nahe Rue de la Glacière trägt ihren Namen zu recht: Hier stehen die ehemaligen **Eiskeller,** aus deren drei untereinander liegenden, insgesamt 15 m tiefen Kellergewölben einst Gaststätten und Haushalte im Sommer mit Eisblöcken beliefert wurden. Heute proben hier junge Musiker.

Häuser von Künstlern und Architekten

Es wird Zeit für einen Blick ins Innere eines der extravaganten Jugendstilhäuser: Das **Horta-Haus,** das sich der Meister des Jugendstils 1898–1901 als sein Wohnhaus und Atelier errichtete, bietet eine hervorragende Gelegenheit, denn es ist heute als Museum eingerichtet (23–25, rue Américaine, s. S. 98).

Die **Place du Châtelain** ist der elegante Mittelpunkt des Viertels. Galerien, Kunsthandlungen, Restaurants, Cafés und ein Wochenmarkt machen sie zum idealen Ort für eine ausgiebige Ruhepause. Gleich um die Ecke, in der **Rue Simonis 64,** ließ sich der Bildhauer Alfred Crickx 1891 von Paul Hankar ein schlichtes Haus mit extrem hohen, schmalen Fenstern bauen. Zwei weitere schöne Häuser stehen in der **Rue Faider** direkt nebeneinander: Das Haus Nr. 83 mit dem eleganten Rankenwerk und das strengere Nachbarhaus, beide aus dem Jahr 1900.

Auch der Architekt Paul Hankar baute sich in diesem Viertel sein **Wohn- und Atelierhaus** (71, rue Defacqz), strenger und geometrischer als sein Kollege Horta. Vier Tiere in halbrunden Medaillons symbolisieren die Tageszeiten: Morgen (Hahn), Tag (Taube), Abend (Schwalbe) und Nacht (Fledermaus). Hankar erbaute auch, ein Stück weiter die Straße hinunter, das **Hôtel Janssens** und das **Hôtel Ciamberlani**, welches mit den auffallenden halbkreisförmigen, weiß umrandeten Fenstern in Proportion und Dekor an die oberitalienischen Architektur der Renaissance erinnert.

Am Ende des Spaziergangs wird in der Rue Paul-Emile Janson noch ein Höhepunkt aus den frühen Jahren dieser fruchtbaren Epoche der Architektur geboten: Das **Hôtel Tassel** von Victor Horta (1893) gilt als ›Manifest‹ der Jugendstilarchitektur. Seine harmonisch-symmetrische Fassade erhält durch Lagen von verschiedenfarbigem Stein und unterschiedliche Fenstergrößen Leben. 1924 schrieb der Journalist und Kunstkritiker Sander Pierron über das Haus: »Dieses Werk muss wie eine Reliquie gehütet werden. Der Tag wird kommen, dass man hierher kommt wie auf einer Pilgerreise. Man wird es besuchen, um zu verstehen, was hieraus entstanden ist, um all das Schöne, das Praktische, das es bewahrt, zu entdecken. All das Neue, was Victor Horta durch sein Talent geschaffen hat, hat seinen Ursprung in diesem Werk.«

Tour-Info

Start: Avenue Louise, Haltestelle Lesbroussart (Tram 93, 94). Für zwischendurch Bistros und Cafés auf der Place du Châtelain.
Dauer/Länge: Für die Erkundung des Vertels solte man sich 2–3 Stunden Zeit nehmen.

Im Comic-Museum

Tour 2

Die Neunte Kunst Comic-Spaziergang

Blick auf ›Brüsel‹

Anders als in Deutschland, wo Comics, also gezeichnete Bildergeschichten, sich nur langsam ein erwachsenes Publikum erobern konnten, genießen die *bandes dessinées* oder kurz *BD* in Belgien hohes Ansehen.

Das fällt dem aufmerksamen Besucher schon ein paar Schritte von der Grand-Place entfernt auf: in der **Rue Marché au Charbon** öffnet sich die krumme Gasse plötzlich einen Spalt weit in eine Parallelwelt, eine zweite, verborgene Stadt mit Türmen, Kuppeln und hohen Häusern. François Schuiten, der Schöpfer einer ganzen Serie von gezeichneten Parallelwelten, erlaubt hier einen Blick auf ›Brüsel‹, die unsichtbare Schwester seiner Heimatstadt. Nicht weit entfernt schlendern zwei junge Männer Arm in Arm über die Straße, wobei sie in einer waghalsigen Perspektive eben jenem Gebäude den Rücken kehren, an dessen Wand sie gemalt sind: Broussaille ist eine Figur aus der Welt des Comic-Magazins Spirou, in dem der 1997 verstorbene André Franquin über Jahrzehnte die Abenteuer des pfiffigen Pagen Spirou sowie des unvergleichlichen Marsupilami mit dem 8 m langen ›intelligenten‹ Schwanz erzählte und damit den Stil des belgischen Comics entscheidend prägte.

Detektive und Journalisten

Was entdecken Victor Sackville und seine elegante Begleiterin auf dem Kopfsteinpflaster der **Rue Marché au Charbon?** Und was will der finstere Bösewicht, der gerade das Zimmer der verzweifelten Blondine in der **Rue du Bon Secours** betritt? Händeringend beugt sie sich aus dem Fenster, und tatsächlich: Ric Master, Journalist und ewiger Retter in letzter Sekunde, hangelt sich bereits an der Dachrinne entlang, um ihr zu Hilfe zu kommen. Wer nun auf den Geschmack gekommen ist, begibt sich als nächstes am besten in eines der gut sortierten, auf Comics spezialisierten Geschäfte in der **Rue du Midi** oder am **Boulevard d'Anspach,** um dort in Klassikern oder Neuerscheinungen zu schmökern. An Nachschub herrscht kein Mangel. An die 400 Comic-Zeichner arbeiten für belgische Verlage, die jährlich 30 Mio. Hefte verlegen. Dieses kleine Land, das seit Jahrhunderten um seine sprachliche und politische Identität ringt, hat sich damit eine visuelle Kommunikationsform über alle sprachlichen, politischen und gesellschaftlichen Barrieren hinweg geschaffen. Heute sind die Comics eine wichtige kulturelle Klammer in dem tief zerrissenen Land, da sie in beiden Sprachen ›funktionieren‹.

Helden mit und ohne Pferd

Auf der **Place St-Géry** steht ein flämischer Supermann: ein blonder Hühne, der auf seinem ausgestreckten Arm eine kleine Menschenpyramide trägt. Der Herr im braunen Anzug schaut verzückt den Vögelchen nach, nur der Betrachter sieht, welches Unheil ein einzelner Specht anrichten kann. Nibbs, der hier die tragende Rolle spielt, erblickte bereits 1946 das Licht der Welt und wurde zum unverzichtbaren ›Mitarbeiter‹ der Tageszeitung ›Her Nieuws van de Dag‹.

Die **Rue de la Buanderie** ist Schauplatz eines Überfalls: Wild um sich schießend stürmen die abgrundtief doofen Dalton-Brüder aus der Bank und sehen nicht, dass Lucky Luke mit seinem superschlauen Pferd Jolly Jumper ihnen bereits auf den Fersen ist. Auch er hat bereits 60 Jahre auf dem Buckel, 1946 hat Maurice de Bevère alias Morris ihn in die Welt gesetzt – damals noch als fleißiger Raucher.

Über die Rue des Chartreux mit einem elegischen Engel von Yslaire geht es zurück zur Grand-Place. In der **Boutique Tintin** in der Rue de la Colline kommen Fans von Tim&Struppi auf ihre Kosten. Der Laden wurde von einer Kennerin eingerichtet: Ihr Vater war der chinesische Berater des großen Zeichners Hergé.

Hommage an Hergé

Hergé (eigentlich Georges Rémy) ist der prominenteste Comic-Künstler, er hat einen speziell belgischen Stil entwickelt. Die *ligne claire*, der klare, akkurate Strich von stets gleichbleibender Stärke, die raffinierten Perspektiven und eine dem Film verwandte ›Schnitttechnik‹ gelten seither als Qualitätsmerkmale der belgischen Comics. Das Universum, das er um seine Hauptfigur, den jungen Reporter Tintin (Tim) mit den Knopfaugen und dem blonden Schopf und seinen ständigen Begleiter, den weißen Foxterrier Milou (Struppi), schuf, ist unermesslich, und doch ist jede einzelne Figur ein unverwechselbares Individuum.

Das **Belgische Comic-Strip-Zentrum** (s. S. 97) in einem restaurierten Jugendstil-Kaufhaus setzt in einer großen Abteilung diesem Künstler ein würdiges Denkmal. Hier wird die belgische Comic-Produktion in einer Breite und Opulenz präsentiert, die Laien erstaunen und Kennern das Herz höher schlagen lässt. Man erlebt die ›Geburt‹ eines Comics von der Idee bis zur Vermarktung, in einem kleinen Kino laufen ständig kurze Sequenzen bekannter Zeichentrickfilme, und jedem großen belgischen *Bédéiste* ist eine Ecke gewidmet, die seinem Stil – und dem seiner Figuren – entspricht: der chaotische Redaktionsraum des Spirou, in dem Gaston herumwuselt, oder ein ›Heimatmuseum‹, in dem alles Wissenswerte über die Schlümpfe – Geschichte, Bräuche, Sprache und Gerätschaften – ausgestellt ist. Stets werden auch die neuesten Entwicklungen präsentiert und junge Künstler vorgestellt.

Tour-Info

Dauer: Mit Museumsbesuch ca. 4 Stunden
Einkehren: Café Java, Place St-Géry, Café im Comic-Strip-Zentrum
Literaturtipp:
»Brüsel«, François Schuiten und Benoît Peeters, Casterman

Tour 3

Jedem Bier sein eigenes Glas

1000 Bieren auf der Spur – Bier- und Kneipenbummel

Wer in einer Brüsseler Kneipe ein »Bier« bestellt, outet sich sofort als Newcomer. Wahrscheinlich wird ihm der Wirt schweigend ein Glas Maes, Jupiler oder Stella Artois hinstellen, ein helles, leicht bitteres Pils, das weiter nicht im Gedächtnis bleibt. Dabei wäre nichts interessanter als eine Entdeckungsreise durch die Welt der belgischen Biere. Schon die Fülle der verschiedenen Sorten ist frappant: Weniger als zwanzig verschiedene, teils Fass-, teils Flaschenbiere, hat ein Café, das auf sich hält, nicht auf der Karte stehen. Diese Biere unterscheiden sich beträchtlich in Aroma, Farbe und Alkoholgehalt, die meisten haben einen ausgeprägten, manchmal reichlich gewöhnungsbedürftigen Geschmack, der sowohl ins Säuerliche wie auch ins Süßlich-Malzige spielen kann. Mit ein wenig Studieren wird man schon bald herausgefunden haben, welches sich am besten als Aperitif, als Begleiter zum Essen oder als Schlaftrunk eignet.

Sonderfall Gueuze

Unter den unzähligen Biersorten Belgiens nimmt eine einen Sonderplatz ein: Die Gueuze. Es ist dies ein Bier, das nach einem einzigartigen Verfahren ausschließlich in Brüssel und Umgebung gebraut werden darf. Freilich ist nur ein einziges Unternehmen übriggeblieben, das noch nach alter Tradition produziert. Die kleine **Cantillon-Brauerei** steht in Anderlecht, nicht weit vom Südbahnhof. Besucher kommen in den seltenen Genuss, ein Museum zu besichtigen, das dennoch eine vollgültige Produktionsstätte ist.

Der Brüssler Bazillus

Die Besonderheit dieses säuerlichen Bieres sind nicht die Bestandteile: Wasser, Weizen, geröstete Gerste und Hopfen, sondern die Tatsache, dass die Gärung nicht durch die Zugabe von Hefe in Gang gesetzt wird. Die Gärung erfolgt vielmehr ›spontan‹. Mikroorganismen namens *Bretanomycis lambicus* und *Bretanomyces bruxellensis,* die ausschließlich in Brüssel heimisch sind und sich in der Luft, in den Balken, den Holzfässern und den Bodendielen der Brauerei befinden, bewirken, dass die Gärung einsetzt. Darum ist das Becken, in dem sich die Gärung vollzieht, auch ganz oben, direkt unter dem luftig aufgezimmerten Dach aufgestellt.

Das Bier, das auf diese Weise entsteht, ist das *Lambic.* Man bekommt es nur noch in wenigen Brüssler *estami-*

nets, zum Beispiel im **Café La Bécasse** nahe der Grand-Place, wo es in dickwandigen Steinkrügen serviert wird. Der viertelstündige Fußmarsch kann durch eine Fahrt mit der Métro (Station Lemonnier bis Station Bourse) ersetzt werden.

Wie guter Wein muss auch das Lambic einige Jahre im Holzfass reifen Wenn es nach angemessener Zeit die richtige Qualität hat, verschneidet der *Gueuzesteker* älteres und jüngeres Lambic – so entsteht die Gueuze. Sie wird auf Flaschen gezogen, wie Champagner verkorkt und mit Draht versehen – die Gueuze trinkt man nicht vom Fass. Wer ein paar Flaschen mit nach Hause nehmen möchte (dort sollten sie nach dem Transport ein paar Wochen ruhen), kann bei **Belgium's Best Beers** am Marché aux Herbes verschiedene Biere und passende Gläser erwerben.

Der Praxistest

Doch nichts geht über das Probieren an Ort und Stelle. Ein solcher Ort etwa ist das **Cirio** gleich neben der Börse, ein hinreißendes Jugendstilcafé mit einer umfangreichen Auswahl an Bieren. Nicht minder schön ist das **Falstaff** auf der anderen Seite der Börse, das ebenfalls mit geschliffenen Spiegeln, geschwungenen Stühlen und kleinen Marmortischchen bezirzt. Hier gibt es weitere einheimische Spezialitäten: Die *Kriek* ist ein rotes, säuerlich-fruchtiges Lambic, in das während des Reifeprozesses Sauerkirschen, vorzugsweise aus dem Brüssler Vorort Schaerbeek, mitsamt den Kernen eingelegt wurden. *Faro* ist Lambic mit Kandis versetzt, *Framboise* ist mit Himbeeren gewürzt. Wer davon ein Glas mit wahrem Genuss trinkt, ist schon fast ein echter Brüsseler.

Welch große Bedeutung das Bier im Leben der Belgier spielt, zeigt schon, dass mitten im Herzen der Hauptstadt, auf ihrem schönsten Platz, ein **Biermuseum** einen kurzen Überblick über alte und moderne Braumethoden gibt. Es ist in der prächtigen **Maison des Brasseurs** untergebracht, dem alten Zunfthaus der Brauer, auf dessen Dach die goldene Reiterstatue Karls von Lothringen glänzt. Wer die Studien lieber praktisch fortsetzt, nimmt im **Roy d'Espagne** Platz, der großen Kneipe im alten Zunfthaus der Bäcker. Obwohl an einem touristischen *hotspot,* sitzt man hier sehr nett und kann die Geschmacksnerven mit einem blonden oder dunklen Leffe beruhigen, einem würzigen Bier, das nicht so extravagant schmeckt wie die Gueuze.

Keine Panik, wenn nun der »Plötzliche Tod« auf dem Programm steht. **À la Mort Subite** ist eine Brüsseler Legende, eine ziemlich verrauchte, stets volle Kneipe, in der sich Jung und Alt vor oder nach dem Ausgehen trifft. Sie ist so sehr Institution, dass sie vor einigen Jahren originalgetreu als Bühnenbild für eine Operninszenierung nachgebaut wurde. Trinken Sie hier zum Abschluss ein hauseigenes Gueuze oder ein dunkles, malziges Scotch, und ein guter Schlaf ist gesichert.

Tour-Info

Start: Musée Bruxellois de la Gueuze, Métro: Gare du Midi.
Dauer: Man startet die Tour am besten gegen 14 Uhr, dann hat man genügend Zeit für das Gueuze-Museum (ca. 1 Std.) und das Brauerei-Museum (ca. 30 Min.). Über die Dauer des weiteren Verlaufs lässt sich naturgemäß nichts sagen.

Tour 4

Hinter dem alten Bahnhof beginnt Europa

Wo liegt Europa?

Wo Europa verwaltet wird

Brüssels Karriere als Hauptstadt Europas nahm 1957 ihren Anfang, als die neu gegründete Europäische Wirtschaftsgemeinschaft (EWG), die später in die Europäische Gemeinschaft (EG) und die Europäische Union (EU) überging, ihren Sitz in Brüssel nahm.

Um die für die nach und nach entstehenden Behörden und Gremien notwendigen Büros, Tagungsstätten und Konferenzräume zu schaffen, errichtete die belgische Regierung den 2 700 000 m^2 großen **Espace Bruxelles-Europe** in unmittelbarer Nähe des Zentrums. Dieses Bekenntnis zu Europa forderte allerdings schwere Opfer von den Brüsselern. Viele gewachsene Straßenzüge, darunter das schöne Quartier Léopold mit repräsentativen Bürgerhäusern, Künstlerateliers und liebevoll angelegten Gärten und Parks wurden einfach abgerissen und untergepflügt.

Das Europäische Parlament

Nur an manchen Plätzen erhebt sich ein letztes historisches Bauwerk und lässt erahnen, wie es früher aussah. Meist ist ohnehin nur die Fassade stehen geblieben, und auch das nur nach langen, zähen Kämpfen der Anwohner. So etwa das charmante alte Bahnhofsgebäude an der **Place Luxembourg,** das ganz verloren zwischen Betonpfeilern steht. Dahinter glänzt bereits die Glaskuppel des **Europäischen Parlaments** hervor. Zwar macht es sich mit einem Wald von Fahnenmasten wichtig, doch besitzt es nicht einmal einen ordentlichen Vorplatz für die häufig stattfindenden Demonstrationen. Die 732 Parlamentarier aus 25 Mitgliedstaaten führen übrigens hier nur Sonder-, Fraktions- und Ausschusssitzungen durch, Plenar- und Haushaltstagungen finden in Straßburg statt.

Hinter dem Parlament liegt der kleine **Parc Léopold,** der unter anderem von der prächtigen, erst 2004 bezogenen Vertretung des Freistaats Bayern sowie dem Museum der Naturwissenschaften gesäumt wird.

Für eine Tasse Kaffee oder einen Snack geht man am besten noch ein paar Schritte weiter zur **Place Jourdain**. Hier kann man den Herzschlag des alten Leopoldsviertels noch ein wenig spüren, am besten vielleicht bei der **Maison Antoine,** Belgiens berühmtester Frittenbude, die ständig von Hungrigen umlagert ist. Wenn man lange genug wartet, sieht man vielleicht eines der schwarzen Autos mit den Sonderkennzeichen: Dann holt der Fahrer eines Ministers seinem Boss eine Tüte Pommes ...

Kommission und Ministerrat

Die Rue Froissart führt nun zum **Rondpoint Schuman.** Der kreisrunde Platz trägt seinen Namen zu Ehren von Robert Schuman, dem französischen Außenminister und Geburtshelfer der europäischen Einigung. Hier stehen zwei der wichtigsten Schaltstellen Europas. Das auf kreuzförmigem Grundriss errichtete **Palais Berlaymont** ist erst vor kurzem wieder ans Tageslicht gekommen. Wegen Asbestbelastung musste es 1992 geräumt werden und stand dann jahrelang, luftdicht in dicke Plastikplanen verpackt, herum. Es war 1968 eines der ersten großen Europa-Bauwerke und gab mit seinen gewaltigen Ausmaßen und der öden Fassade den Ton für die nachfolgenden Bauten an. Die Sanierung und Wiederherstellung des Baus entwickelte sich zu einem endlosen Drama der Verzögerungen und Pannen, man sprach bereits vom ›Vietnam der belgischen Bauindustrie‹. Im Jahr 2004 wurde das Palais Berlaymont endlich fertig gestellt und neu eröffnet. Die neue Fassade besteht aus lichtempfindlichen Lamellen, die sich je nach Lichteinfall öffnen und schließen. Das Berlaymont ist Sitz der **Europäischen Kommission;** diese ist die Hüterin der Verträge, sie wacht über deren korrekte Anwendung. Sie hat im gesetzgeberischen Bereich ein Initiativrecht, kann Gesetzentwürfe vorlegen und ist das Exekutivorgan der Gemeinschaft. Ihre Mitglieder werden von den Regierungen der Mitgliedstaaten gestellt, genießen aber volle persönliche Unabhängigkeit.

Gleich gegenüber, in dem klotzigen Gebäude **»Justus Lipsius«,** tagt der **Ministerrat.** Er ist das eigentliche Steuerungsorgan der Europäischen Union: Er ist für die Abstimmung der Wirtschaftspolitik der Mitgliedstaaten verantwortlich und besitzt die entscheidenden rechtsetzenden Befugnisse. In den Rat wird jeweils ein Regierungsmitglied aus den 25 Mitgliedstaaten entsandt, und zwar, je nach Entscheidungsgegenstand, der zuständige Fachminister, bei besonders wichtigen Fragen auch der Regierungschef. Der Rat entscheidet – in einigen Fällen gemeinsam mit dem Parlament – auf Vorschlag der Kommission. Der Vorsitz des Rates wird turnusmäßig von jedem Mitgliedstaat 6 Monate lang ausgeübt.

Nördlich des Berlaymont ist zwar noch einiges an alter Bausubstanz erhalten, doch sind auch hier meist die traditionellen Strukturen zerschlagen worden, denn in den alten Bürgerhäusern haben sich die Büros aller möglicher Organisationen niedergelassen, die im weiteren Sinne mit der EU zu tun haben. Dennoch lohnt ein Streifzug durch die Straßen. Enden sollte er am **Square Ambiorix,** wo das skurrilste und zerbrechlichste Haus der Stadt steht: Das **Haus des Malers Saint-Cyr.** In diesem wunderbaren Jugendstilhaus ist keine EU-Institution untergebracht: Hier lebte jahrzehntelang eine Tänzerin.

Tour-Info

Europäisches Parlament
43, rue Wiertz
Tel. +32-2-284 34 57
www.europarl.eu.int
Führungen (mit Audioführer)
Mo–Do 10 und 15, Fr 10 Uhr
Broschüren und Informationsmaterial über die EU erhält man am **Info-Point Europe,** 242, rue de la Loi, Mo–Fr 9–16 Uhr.
Einkehren: Friture Antoine oder verschiedene Cafés auf der Place Jourdain.

Flohmarkt auf dem Grand-Sablon

Tour 5

Märkte, Flohmärkte und originelle Läden

Brüssel ist eine internationale Stadt, und nirgends spürt man das mehr als am Sonntagmorgen auf dem großen **Marché du Midi** am Südbahnhof. Hier reiht sich Stand an Stand mit Lebensmitteln aus allen Ländern des Orients von Marokko bis Vietnam, mit Hühnern, Gänsen, Kaninchen in allen Stadien von lebendig über geschlachtet bis gebraten. Dies ist der richtige Ort, um ein paar exotische Kräuter und Gewürze – selbst gemachtes Harissa, knallgelbes Kurkuma, chinesischen Schnittlauch – einzukaufen, um dann den Rest des Tages einen Duft von tausendundeiner Nacht zu verbreiten.

Kein Tag ohne Flohmarkt

Viele Belgier finden, ihr Wochenende ist nicht perfekt, wenn es nicht wenigstens einen Flohmarkt-Besuch einschließt. Es gibt kaum ein Land, in dem so leidenschaftlich ge- und verkauft, gestöbert, gefeilscht, gehandelt wird, in dem so viel Kram und Trödel in Umlauf zu sein scheint wie hier.

Der Markt aller Märkte ist der Flohmarkt auf der **Place du Jeu de Balle / Vossenplein** im Arbeiterviertel Marollen. Dies ist das Revier der *fripiers*, der Trödler und Altwarenhändler, die hier Tag für Tag, selbst an Weihnachten, Silvester und Neujahr, ihre Waren ausbreiten. Seit mehr als 130 Jahren werden hier Werkzeug, Geschirr, Bilderrahmen, Madonnenfigürchen, alte Bücher, Platten, Sammelbildchen angeboten. Schachteln und Kisten stehen auf dem Pflaster herum, jeder wühlt nach Herzenslust, zurückhaltend beäugt von einem verwitterten Mann oder einer schweigsamen Frau. Die kleinen Cafés, die den Platz säumen, bieten sich für einen Imbiss an, und vielleicht spielt gerade einer der alten *Marolliens* Akkordeon oder eine junge Sängerin versucht, sich ein paar Francs zu verdienen.

In den letzten Jahrzehnten hat sich die ganze Umgebung des Platzes zu einem Zentrum des Handels mit Edeltrödel entwickelt. Die **Rue Blaes** und ihre Nebenstraßen wimmeln von Geschäften, die sich auf Art-déco-Möbel, afrikanische Volkskunst, alte Bauenmöbel oder seltenes Zubehör spezialisiert haben.

Auf der Suche nach dem Edlen

Auch auf einem der schönsten Plätze der Stadt wird regelmäßig ein Markt abgehalten. Der **Antiquitätenmarkt** am **Grand-Sablon / Grote Zavel** hat in der Tat einen prächtigen Rahmen. Die

Häuser, die den leicht abschüssigen Platz säumen, können sich mit denen der Grand-Place durchaus messen, wenn sie auch nicht so vor Gold strotzen wie diese. Hier pflegte man über Jahrhunderte vornehme Zurückhaltung, leistete sich aber dennoch ein Haus im jeweils neuesten Baustil, sei es Renaissance, Barock oder Klassizismus. Übrigens ist das Quartier auch heute noch eines der begehrtesten und kostspieligsten Wohnviertel.

Nicht von ungefähr finden sich in der Umgebung des Platzes die exklusivsten Antiquitäten- und Möbelgeschäfte. Der Markt, der jeweils samstags und sonntags stattfindet, hat denn auch nichts mit dem bei aller Liebenswürdigkeit etwas schäbigen Ambiente in den Marollen zu tun, hier werden auf Hochglanz polierte Biedermeier- und Jugendstilmöbel, Tiffany-Lampen, Silberbesteck und Porzellanservice in stabilen, mit weißer Leinwand abgetrennten Ständen angeboten – aber auch für schmale Geldbörsen findet sich bestimmt irgendein kleines feines Souvenir: Ein bemaltes Porzellandöschen oder eine silberne Vorlegegabel können ein hübsches Mitbringsel sein.

Messer, Bücher, Blumenduft

Vom Grand Sablon führt die Rue de Rollebeek in die Unterstadt hinunter, eine kleine alte Gasse, die den Flair des alten Brüssel konserviert hat – eine Tatsache, die den vielen Restaurants in den kleinen alten Häusern durchaus zugute kommt. Über den Boulevard de l'Empereur und die Vieille Halle aux Blés geht es zur Place St-Jean, wo sich ein wunderbares altes Geschäft erhalten hat, das sich auf Messer, Scheren, Küchenbeile etc. spezialisiert und den bezeichnenden Namen **Au Grand Rasoir** (Zum Großen Rasiermesser) trägt.

Bücherwürmer werden hingegen die **Galérie Bortier** aufsuchen wollen, die man durch das von Säulen flankierte Portal eines spätbarocken Hauses betritt. Die Passage beherbergt ausschließlich Antiquariate, die zu durchstöbern auch für den Sprachunkundigen lohnend ist. Bildbände, Krimis, alte Drucke und Publikationen über Brüssel und Belgien stehen und liegen in Kästen, Regalen und Fächern bereit. Die Ladenpassagen wären beinahe verschwunden, hätte man nicht noch rechtzeitig entdeckt, was für einen Schatz man da dem Verfall preisgab. Nun haben die nach alten Aufnahmen restaurierten Ladenlokale ihre vornehme Gestaltung mit marmornen Schaufenstereinfassungen und gusseisernen Reliefplatten wieder zurückerhalten und sind ein würdiges Refugium für alte Bücher.

Die **Grand-Place,** der Grote Markt, ist ebenfalls Schauplatz eines Marktes. Eier und Milch, Würste und Käse wurden zwar schon vor Jahrhunderten von diesem feinen Salon der Stadt verbannt, aber bunte Blumen unter grünrot gestreiften Sonnenschirmen werden durchaus als standesgemäß empfunden.

Tour-Info

Dauer: Mit Stöbern ca. 3 Std.
Marché du Midi: So 7–13 Uhr
Flohmarkt: tgl. 7–14 Uhr
Antiquitätenmarkt: auf dem Grand-Sablon Sa 9–18, So 9–14 Uhr.
Die Geschäfte in den Marollen haben am Sonntag geöffnet.
Einkehrtipp: Zum Frühstück in Het Warm Water in den Marollen, mittags in eines der Lokale um die Grand-Place.

Register

Fotonachweis:
Rainer Hackenberg (Köln) S. 6/7, 8, 33, 34, 48, 60, 63, 65, 68, 72, 77, 84, 94, 101, 106/107, 108, 110
Paul Hahn/laif (Köln) Titel, S. 1, 2, 3, 9, 12, 14, 26/27, 50, 54, 57, 58, 76, 78, 81, 83, 86, 89, 90, 96, 102, 112, 116, Umschlagrückseite
Erika Eva Schmitz (Köln) 28
Reporters/laif (Köln) S. 42, 114

Titel: Grand-Place
S. 6/7: Mini Europe im Schatten des Atomiums
S. 26/27: Im Belle-Epoque-Café Cirio neben der Börse
S. 106/107: Nahe Grand-Place

Kartografie: DuMont Reisekartografie, Puchheim © MAIRDUMONT, Ostfildern

2., aktualisierte Auflage 2006

Grafisches Konzept: Groschwitz, Hamburg
Druck: Rasch, Bramsche
Buchbinderische Verarbeitung: Bramscher Buchbinder Betriebe